CHRISTOPHE FELDER

Photographies & Stylisme : Catherine Madani

MES P'TITS CHOUX

Éditions
de La Martinière

Dans la même collection

  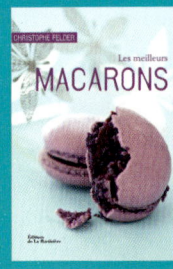  
 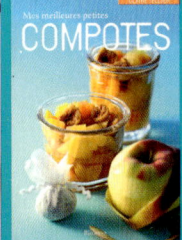 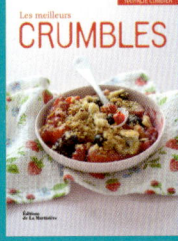 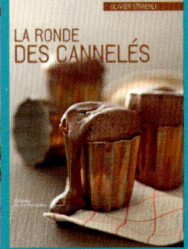 
  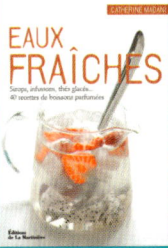 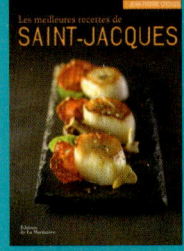 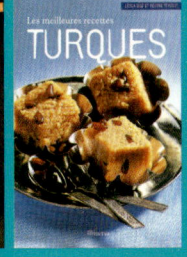
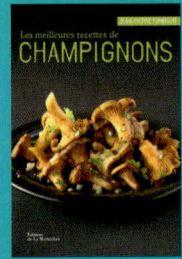  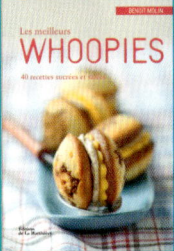  

Sommaire

8	CHOUX SUCRÉS CLASSIQUES
44	CHOUX SUCRÉS CONTEMPORAINS
84	CHOUX SALÉS

recette de base

Pâte à choux

Pour 700 g de pâte à choux environ
Pour 40 choux environ

140 g de farine • 125 g de lait • 125 g d'eau • 5 g de sel • 5 g de sucre semoule • 110 g de beurre • 5 à 6 œufs (d'une taille moyenne)

beurre pour la plaque à pâtisserie

Préchauffez votre four entre 170 °C et 180 °C, en chaleur ventilée.

1 Dans la casserole, chauffez sur feu doux : le lait, l'eau, le sel, le sucre et le beurre.

2 Dès le premier bouillon, arrêtez de faire chauffer.

3 Versez la farine tamisée, en une seule fois, dans la casserole sur le beurre fondu dans le lait chaud.

4 Sur feu moyen, incorporez la farine en remuant énergiquement durant 2 minutes avec une spatule : il faut que la pâte se dessèche.

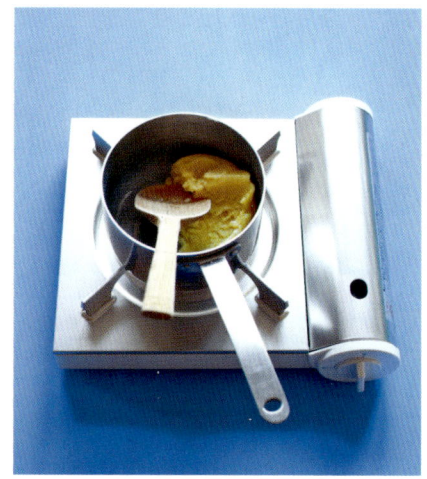

5 Versez la pâte chaude dans un récipient. Cassez dessus le premier œuf et travaillez vigoureusement avec la spatule. Dès qu'il est complètement absorbé et que la pâte est bien lisse, ajoutez le deuxième œuf. Recommencez la même opération jusqu'au cinquième œuf. Cassez le sixième œuf dans un bol et battez-le à l'aide d'une fourchette.

6 À partir de ce moment, observez bien la consistance de votre pâte. Elle doit être élastique et à peine plus molle qu'une purée. Si elle est un peu trop épaisse, ajoutez un peu d'œuf battu. Elle forme un ruban.

7 Sur la plaque du four beurrée et farinée, formez des petites boules de pâte de 2 cm de diamètre avec une poche à douille. Espacez-les bien. Puis, enfournez en chaleur ventilée pendant 25 à 30 minutes.

Option dorure : passez de l'œuf battu au pinceau sur les choux. Aplatissez légèrement les choux avec le dos de la fourchette.

8 Option sucre casson : parsemez les choux de sucre en grain.

9 Option crumble : ramollissez 50 g de beurre en pommade avec un fouet. Ajoutez 60 g de cassonade et fouettez un peu. Incorporez 60 g de farine, mélangez. Étalez la pâte sur 2 mm d'épaisseur entre 2 feuilles de papier sulfurisé. Mettez au congélateur. Découpez des ronds de pâte congelée avec un emporte-pièce de 2 cm diamètre. Déposez-les sur les choux.
Vous pouvez également colorer le crumble.

10 Percez le dessous des choux avec une douille fine. Garnissez au maximum de crème à l'intérieur : c'est meilleur !

11 Trempez le tiers supérieur de chaque chou dans le glaçage. Essuyez le tour avec votre index, et si cela coule un peu, vous avez quelques minutes pour rattraper avant que le glaçage ne fige complètement.

Conseils et astuces pour bien réaliser la pâte à choux
- Attention ! la quantité d'œuf peut varier selon la farine utilisée.
- Une fois que vos choux sont pochés sur la plaque du four, enfournez rapidement, car il ne faut pas qu'ils se dessèchent.
- Pensez à bien espacer vos choux sur la plaque, ils gonflent à la cuisson. Regardez à travers la vitre de votre four, mais n'ouvrez surtout pas la porte pendant la cuisson.
- Ne sortez pas trop tôt les choux du four, respectez bien les temps de cuisson.
- La pâte à choux s'utilise idéalement le jour même. Une petite exception pour la pièce montée où les choux peuvent être préparés la veille sans la crème. Les choux se tiendront mieux entre eux.
- La conservation de la pâte à choux est délicate. Vous pouvez la garder crue 1 journée au réfrigérateur.
- Vous pouvez congeler la pâte à condition de la pocher. Congelez les choux en les conservant dans une boîte hermétique pendant 2 semaines maximum.

CHOUX SUCRÉS CLASSIQUES

Chouquettes extrême vanille

choux sucrés

Pour 25 choux

Pour 500 g de crème pâtissière à la vanille
250 g de lait frais entier • 50 g de crème liquide • 3 gousses de vanille Bourbon non grattées • 4 jaunes d'œufs • 70 g de sucre semoule • 30 g de Maïzena® • 30 g de beurre

Pour la pâte à choux (voir p. 4)

La crème pâtissière à la vanille

Portez le lait à ébullition, sur feu moyen, avec la crème et les gousses de vanille fendues et grattées ; laissez infuser 1 heure.

Retirez les gousses de vanille.

Pendant ce temps, versez les jaunes d'œufs dans un saladier, avec le sucre et la Maïzena®. Fouettez vivement, mais sans faire blanchir le mélange.

Portez de nouveau à ébullition le lait vanillé. Incorporez un tiers du lait bouillant au mélange œufs, sucre et Maïzena®, et fouettez bien.

Reversez le tout dans la casserole ; faites cuire sur feu vif en fouettant vivement. Dès que la crème épaissit, retirez la casserole du feu, ajoutez le beurre, et fouettez jusqu'à ce que le beurre soit totalement incorporé à la crème.

Versez la crème sur un film alimentaire, enveloppez-la complètement afin qu'elle ne sèche pas. Mettez-la à refroidir durant 10 minutes au congélateur, puis 1 heure au réfrigérateur.

Préparez les choux en suivant la recette (p. 4, option sucre casson).

Enlevez le film qui enveloppe la crème pâtissière. Versez-la dans un récipient, et fouettez-la vivement afin de la ramollir.

Percez les choux en dessous avec une poche à douille munie d'une douille fine et pochez la crème à la vanille à l'intérieur.

choux sucrés classiques

Double
choux café

Pour 30 choux

Pour 700 g de crème pâtissière au café
500 g de lait frais entier • 1 cuillerée à soupe de Nescafé® •
1 cuillerée à soupe de café liquide • 1 cuillerée à soupe de
café moulu • 3 jaunes d'œufs • 120 g de sucre semoule •
50 g de Maïzena® • 50 g de beurre

Pour la pâte à choux (voir p. 4)

Pour le glaçage et le décor (voir p. 7)
250 g de fondant blanc pâtissier • entre 25 g et 50 g d'eau •
1 pointe de couteau de café soluble • Essence de café •
Dragées métallisées

La crème pâtissière au café

Portez le lait à ébullition sur feu moyen, ajoutez les cafés et laissez infuser 10 minutes. Filtrez. Réservez.

Pendant ce temps, versez les jaunes d'œufs dans un saladier, avec le sucre et la Maïzena®. Fouettez vivement, mais sans faire blanchir.

Portez de nouveau à ébullition le lait au café. Incorporez un tiers du lait bouillant dans le mélange jaunes d'œufs, sucre et Maïzena®, et fouettez bien.

Reversez le tout dans la casserole et faites cuire sur feu vif en fouettant vivement. Dès que la crème épaissit, retirez la casserole du feu ; ajoutez le beurre et fouettez jusqu'à ce que le beurre soit totalement incorporé à la crème.

Versez la crème sur un film alimentaire, enveloppez-la complètement afin qu'elle ne sèche pas. Mettez-la à refroidir durant 10 minutes au congélateur, puis 1 heure au réfrigérateur.

Préparez les choux en suivant la recette (p. 4, option crumble).

Enlevez le film qui enveloppe la crème pâtissière. Versez-la dans un récipient, et fouettez-la vivement afin de la ramollir.

Percez les choux en dessous avec une poche à douille munie d'une douille fine et pochez la crème au café à l'intérieur.

Le glaçage et le décor (voir p. 7)

Dans une petite casserole, faites chauffer le fondant avec l'eau à 35 °C. À l'aide d'une spatule en bois, incorporez le café soluble et l'essence de café. Mélangez, puis glacez chaque chou.

Posez sur le dessus une dragée métallisée. Gardez les choux au réfrigérateur.

choux sucrés classiques

Choux
fraise

Pour 20 choux

Pour 400 g de crème pâtissière à la fraise
1 feuille de gélatine • 250 g de pulpe de fraise • 2 jaunes d'œufs • 25 g de sucre semoule • 50 g Maïzena® • 50 g de lait entier • 25 g de beurre

Pour la pâte à choux (voir p. 4)

Pour le décor
100 g de sucre casson • Colorant alimentaire rouge

La crème pâtissière à la fraise

Mettez la gélatine dans de l'eau très froide.
Faites chauffer sur feu moyen la pulpe de fraise. Filtrez.
Pendant ce temps, versez les jaunes d'œufs dans un saladier, avec le sucre et la Maïzena®. Fouettez vivement, mais sans faire blanchir.
Incorporez le lait au mélange précédent et fouettez bien.
Reversez le tout dans la casserole et faites cuire sur feu doux en fouettant vivement.
Dès que la crème épaissit, retirez la casserole du feu, incorporez la gélatine et ajoutez le beurre. Fouettez jusqu'à ce qu'il soit totalement incorporé à la crème.
Versez la crème sur un film alimentaire, enveloppez-la complètement afin qu'elle ne sèche pas. Mettez-la à refroidir durant 10 minutes au congélateur, puis 1 heure au réfrigérateur.

Préparez les choux en suivant la recette (p. 4, option sucre casson) avec sucre casson pour chouquettes.

Enlevez le film qui enveloppe la crème pâtissière. Versez-la dans un récipient, et fouettez-la vivement afin de la ramollir.
Percez les choux en dessous avec une poche à douille munie d'une douille fine et pochez la crème à la fraise à l'intérieur.

Le décor

Versez un peu de colorant rouge dans une petite assiette et, à l'aide d'un pinceau, peignez très légèrement les choux afin de les rougir un peu.

Choux Chantilly vanille kirsch

choux sucrés classiques

Pour 20 choux

Pour 400 g de crème pâtissière à la vanille
250 g de lait frais entier • 2 gousses de vanille Bourbon • 1 cuillerée à soupe de vanille liquide • 1 jaune d'œuf • 1 œuf • 60 g de sucre semoule • 25 g de Maïzena® • 25 g de beurre • 5 g de kirsch

Pour la pâte à choux (voir p. 4)

Pour la crème Chantilly
250 g de crème liquide de bonne qualité • 40 g de sucre semoule • 1 cuillerée à café de kirsch • 1 cuillerée à café de vanille liquide

Sucre glace

La crème pâtissière à la vanille

Faites bouillir sur feu moyen le lait avec les gousses de vanille fendues en deux et grattées et la vanille liquide ; puis laissez infuser 1 heure.

Retirez les gousses de vanille.

Pendant ce temps, versez le jaune d'œuf et l'œuf dans un saladier, avec le sucre et la Maïzena®. Fouettez vivement, mais sans faire blanchir le mélange.

Portez de nouveau à ébullition le lait vanillé. Incorporez un tiers du lait bouillant au mélange œufs, sucre et Maïzena®, et fouettez bien.

Reversez le tout dans la casserole et faites cuire sur feu vif en fouettant vivement. Dès que la crème épaissit, retirez la casserole du feu, ajoutez le beurre et le kirsch. Fouettez jusqu'à ce que le beurre soit totalement incorporé à la crème.

Versez la crème sur un film alimentaire, enveloppez-la complètement afin qu'elle ne sèche pas. Laissez-la refroidir 10 minutes au congélateur, puis 1 heure au réfrigérateur.

Préparez les choux en suivant la recette (p. 4, option dorure).

Enlevez le film qui enveloppe la crème pâtissière. Versez-la dans un récipient, et fouettez-la vivement afin de la ramollir.

Coupez les choux en deux, détaillez le dessus avec un emporte-pièce de 2 cm, et pochez la crème vanille au milieu, en boule régulière.

La crème Chantilly

Versez la crème dans un récipient que vous posez dans un saladier contenant des glaçons. Fouettez la crème. Lorsqu'elle commence à être montée, ajoutez le sucre semoule, le kirsch et la vanille liquide. Cessez de battre lorsque la crème a une bonne tenue entre les branches de votre fouet.

Ensuite, en vous aidant d'une poche munie d'une douille lisse, réalisez de belles rosaces de crème sur chaque chou. Posez le dessus et saupoudrez de sucre glace.

choux sucrés classiques

Choux
framboise

Pour 20 choux

Pour 500 g de crème à la framboise
250 g de framboises mixées en pulpe et tamisées pour obtenir 200 g de pulpe • 60 g de sucre semoule • 10 g de Maïzena® • 2 jaunes d'œufs • 2 œufs • 75 g de beurre en morceaux

Pour la pâte à choux (voir p. 4)

Pour le décor
100 g de pâte d'amande blanche • Colorant rouge • 50 g de miel • 50 g de chocolat blanc • 100 g de petites framboises • 20 g de billes rouges (confiserie décor)

La crème à la framboise

Versez la pulpe des framboises, le sucre semoule, la Maïzena® et les œufs dans une casserole. Faites chauffer sur feu moyen tout en remuant à l'aide d'un fouet. Il faut que le mélange arrive à ébullition.

Retirez la crème cuite du feu, filtrez-la au travers d'une passoire directement sur le beurre en morceaux.

À l'aide d'un petit mixeur, mixez la crème durant 1 minute afin de la rendre lisse. Transvasez-la dans un récipient.

Filmez au contact de la crème afin qu'elle ne sèche pas. Laissez refroidir la crème 10 minutes au congélateur, puis 1 heure au réfrigérateur.

Préparez les choux en suivant la recette (p. 4, option crumble).

Percez les choux en dessous avec une douille fine, et remplissez chaque chou de crème à la framboise à l'aide d'une poche munie d'une douille unie de 5 mm.

Le décor

Colorez la pâte d'amande en rose foncé, et détaillez des petits ronds à l'emporte-pièce, appliquez-les sur les choux, en les collant à l'aide d'une pointe de miel, puis recouvrez de filaments de chocolat blanc fondu (à l'aise d'un cornet en papier).

Déposez une bille rouge sur le dessus pour finir la décoration du chou.

choux sucrés classiques

Choux citron

Pour 20 choux

Pour 450 g de crème pâtissière au citron jaune
2,5 citrons jaunes • 130 g de sucre semoule • 10 g de Maïzena® • 3 petits œufs • 175 g de beurre en morceaux

Pour les citrons confits
1 citron jaune entier • 100 g de sucre semoule • 200 g d'eau

Pour la pâte à choux (voir p. 4)

50 g de miel

La crème au citron jaune
À l'aide d'un économe, pelez les deux citrons et demi.
Versez le jus des citrons, le sucre semoule, la Maïzena® et les œufs dans une casserole.
Ajoutez les zestes des citrons, et faites chauffer sur feu moyen tout en remuant à l'aide d'un fouet. Il faut que le mélange arrive à ébullition.
Retirez la crème cuite du feu, filtrez-la au travers d'une passoire directement sur le beurre en morceaux.
À l'aide d'un petit mixeur, mixez la crème durant 1 minute afin de la rendre lisse. Versez-la dans un récipient.
Posez un film au contact de la crème afin qu'elle ne sèche pas. Laissez refroidir 10 minutes au congélateur, puis 1 heure au réfrigérateur.

Les citrons confits
Récupérez les peaux lavées.
Dans une casserole, versez le sucre semoule et l'eau, et faites bouillir sur feu moyen.
Plongez-y ensuite les peaux du citron et laissez-les confire durant une vingtaine de minutes (la peau est cuite lorsqu'elle est devenue presque translucide). Laissez refroidir.

Préparez les choux en suivant la recette (p. 4, option crumble).

Percez les choux en dessous avec une douille fine, et remplissez chaque chou de crème au citron jaune à l'aide d'une poche munie d'une douille unie de 5 mm.
Posez un zeste confit sur le dessus, collez-le à l'aide d'une pointe de miel.

Choux craquants à la fleur d'oranger

choux sucrés classiques

Pour 25 choux

Pour 450 g de crème pâtissière à la fleur d'oranger
250 g de lait frais entier • 3 jaunes d'œufs • 60 g de sucre semoule • 25 g de Maïzena® • 20 g d'eau de fleur d'oranger • 25 g de beurre

Pour le caramel
500 g de sucre semoule • 200 g d'eau • 100 g de miel (ou de glucose) • 50 g d'amandes effilées grillées • Sucre glace

Pour la pâte à choux (voir p. 4)
Pour le glaçage des choux (voir p. 7)

La crème pâtissière à la fleur d'oranger

Portez le lait à ébullition sur feu moyen.

Pendant ce temps, versez les jaunes d'œufs dans un saladier, avec le sucre, la Maïzena® et l'eau de fleur d'oranger. Fouettez vivement, mais sans faire blanchir.

Portez de nouveau à ébullition le lait. Incorporez un tiers du lait bouillant dans le mélange œufs, sucre, Maïzena®, eau de fleur d'oranger, et fouettez bien.

Reversez le tout dans la casserole et faites cuire sur feu vif en fouettant vivement. Dès que la crème épaissit, retirez la casserole du feu ; ajoutez le beurre, et fouettez jusqu'à ce que le beurre soit totalement incorporé à la crème.

Versez la crème sur un film alimentaire, enveloppez-la complètement afin qu'elle ne sèche pas. Mettez-la à refroidir 10 minutes au congélateur, puis 1 heure au réfrigérateur.

Préparez les choux en suivant la recette des choux (p. 4, option dorure). Pochez-les suivant une forme ovale.

Enlevez le film qui enveloppe la crème pâtissière. Versez-la dans un récipient, et fouettez-la vivement afin de la ramollir. Percez les choux en dessous avec une douille fine, et pochez la crème à l'intérieur avec une poche garnie d'une douille de 5 mm.

Le caramel

Versez le sucre et l'eau dans une casserole, remuez à l'aide d'une cuillère bien propre. Faites cuire sur feu doux jusqu'à ébullition, ajoutez le miel puis poursuivez la cuisson sur feu vif. La température doit être de 155 °C (ou couleur caramel clair).

Posez la casserole sur un torchon mouillé deux secondes pour stopper la cuisson.

Le glaçage (voir p. 7)

Trempez le tiers supérieur de chaque chou dans le caramel, sans vous brûler, bien sûr. Posez quelques amandes effilées grillées, et saupoudrez de sucre glace.

Réservez au frais jusqu'à dégustation.

choux sucrés classiques

Choux
cygnes

Pour 25 choux

Pour la pâte à choux (voir p. 4)

Pour la crème Chantilly
500 g de crème liquide de bonne qualité • 80 g de sucre semoule • 10 g de sucre vanillé • 1 cuillerée à soupe de kirsch • 3 cuillerées à café de vanille liquide • Sucre glace

Préparez les choux en suivant la recette (p. 4, option dorure).
Façonnez-les en forme de pointe ; faites les cous à l'aide d'une douille fine de 3 mm.

La crème Chantilly

Versez la crème dans un récipient que vous posez dans un saladier contenant des glaçons. Fouettez la crème. Lorsqu'elle commence à être montée, ajoutez les sucres, le kirsch et la vanille liquide. Cessez de battre lorsque la crème a une bonne tenue entre les branches de votre fouet.

Les cygnes

Coupez le dessus de vos choux, et coupez chaque dessus en deux pour former les ailes.
Ensuite, en vous aidant d'une poche munie d'une douille lisse, réalisez de belles rosaces de crème sur chaque chou. Posez les ailes délicatement de chaque côté. Plantez le cou assez profondément afin qu'il tienne facilement, et saupoudrez de sucre glace.

Remarque

Ceci est une façon de faire très ancienne, qui rappelle beaucoup de souvenirs. La pâte à choux avec de la chantilly est une superbe gourmandise ! On la trouve encore dans certaines bonnes pâtisseries de province…

choux sucrés classiques

Choux Tagada fraise

Pour 20 choux

Pour 400 g de crème pâtissière à la fraise Tagada
250 g de lait entier • 50 g de fraises Tagada • 2 jaunes d'œufs • 10 g de sucre semoule • 25 g Maïzena® • 25 g de beurre

Pour la pâte à choux (voir p. 4)

Pour le glaçage et le décor (voir p. 7)
250 g de fondant blanc pâtissier • entre 25 g et 50 g d'eau • Colorant alimentaire rouge • 1 pointe de couteau de cacao en poudre • 50 g de fraises Tagada

La crème pâtissière à la fraise Tagada

Faites bouillir le lait avec les fraises Tagada.

Pendant ce temps, versez les jaunes dans un saladier, avec le sucre et la Maïzena®. Fouettez vivement, mais sans faire blanchir le mélange.

Incorporez le lait Tagada au mélange jaunes d'œufs, sucre et Maïzena®, et fouettez bien. Reversez le tout dans la casserole et faites cuire sur feu doux en fouettant vivement.

Dès que la crème épaissit, retirez la casserole du feu et ajoutez le beurre ; fouettez jusqu'à ce que le beurre soit totalement incorporé à la crème.

Versez la crème sur un film alimentaire, enveloppez-la complètement afin qu'elle ne sèche pas. Laissez refroidir 10 minutes au congélateur, puis 1 heure au réfrigérateur.

Préparez les choux en suivant la recette (p. 4, option dorure).

Enlevez le film qui enveloppe la crème pâtissière. Versez-la dans un récipient, et fouettez-la vivement afin de la ramollir.

Percez les choux en dessous avec une poche à douille munie d'une douille fine et pochez la crème à l'intérieur.

Le glaçage et le décor (voir p. 7)

Dans une petite casserole, faites chauffer le fondant avec l'eau à 35 °C. À l'aide d'une spatule en bois, incorporez le colorant alimentaire rouge et le cacao. Mélangez, puis glacez chaque chou. Posez quelques morceaux de fraises Tagada coupées en tranches fines. Laissez figer avant de déguster !

choux sucrés classiques

Choux
orange

Pour 25 choux

Pour 600 g de crème pâtissière à l'orange
2 g de gélatine (1 feuille) • 400 g de lait frais • 10 g de zestes d'oranges • 4 jaunes d'œufs • 80 g de sucre semoule • Quelques gouttes d'huile essentielle d'orange • 30 g de Maïzena® • 20 g de beurre

Pour la pâte à choux (voir p. 4)

Pour le glaçage et le décor (voir p. 7)
250 g de fondant blanc pâtissier • entre 25 g et 50 g d'eau • Colorants alimentaires jaune et rouge • Peau d'orange confite cristallisée

La crème pâtissière à l'orange

Mettez la gélatine à tremper dans de l'eau froide.

Faites chauffer sur feu moyen le lait et les zestes.

Pendant ce temps, versez les jaunes d'œufs dans un saladier, avec le sucre, l'huile essentielle et la Maïzena®. Fouettez vivement, mais sans faire blanchir le mélange.

Incorporez un tiers de la pulpe dans le mélange jaunes d'œufs, sucre, huile essentielle et Maïzena®, et fouettez bien.

Reversez le tout dans la casserole et faites cuire sur feu doux en fouettant vivement.

Dès que la crème épaissit, retirez la casserole du feu, incorporez la gélatine. Ajoutez le beurre et fouettez jusqu'à ce qu'il soit totalement incorporé à la crème.

Versez la crème sur un film alimentaire, enveloppez-la complètement afin qu'elle ne sèche pas. Laissez-la refroidir 1 heure au réfrigérateur.

Préparez les choux en suivant la recette (p. 4, option crumble).

Enlevez le film qui enveloppe la crème pâtissière. Versez-la dans un récipient, et fouettez-la vivement afin de la ramollir.

Percez les choux en dessous avec une poche à douille munie d'une douille fine et pochez la crème à l'intérieur.

Le glaçage et le décor (voir p. 7)

Dans une petite casserole, faites chauffer le fondant et l'eau à 35 °C. À l'aide d'une spatule en bois, incorporez les colorants alimentaires jaune et rouge. Mélangez puis versez le fondant dans une poche ou un cornet, et décorez comme sur la photo ; posez le disque d'orange confite cristallisée. Laissez figer avant de déguster !

choux sucrés classiques

Choux griotte

Pour 30 choux

Pour 660 g de crème pâtissière à la griotte
260 g de pulpe de griottes (griottes mixées) • 140 g de lait • 80 g de jaunes d'œufs • 100 g de sucre semoule • 40 g de Maïzena® • 1 cuillerée à café de kirsch • 40 g de beurre

Pour la pâte à choux (voir p. 4)

Pour le décor
150 g de pâte d'amande blanche • Colorant rouge • 50 g de miel

La crème à la griotte

Faites chauffer sur feu moyen la pulpe de griottes et le lait.

Pendant ce temps, versez les jaunes d'œufs dans un saladier, avec le sucre et la Maïzena®. Fouettez vivement, mais sans faire blanchir le mélange.

Incorporez un tiers de la pulpe au mélange jaunes d'œufs, sucre et Maïzena®, et fouettez bien.

Reversez le tout dans la casserole et faites cuire sur feu doux en fouettant vivement.

Dès que la crème épaissit, retirez la casserole du feu, incorporez la gélatine, le kirsch, et le beurre. Fouettez jusqu'à ce qu'il soit totalement incorporé à la crème.

Versez la crème sur un film alimentaire, enveloppez-la complètement afin qu'elle ne sèche pas. Laissez refroidir la crème 1 heure au réfrigérateur.

Préparez les choux en suivant la recette (p. 4, option crumble).

Enlevez le film qui enveloppe la crème pâtissière. Versez-la dans un récipient, et fouettez-la vivement afin de la ramollir.

Percez les choux en dessous avec une poche à douille munie d'une douille fine et pochez la crème à l'intérieur.

Le décor

Travaillez la pâte d'amande à la main (au cas où, ajoutez un peu d'eau). Colorez la moitié en rouge, étalez les deux pâtes finement, puis coupez des bandes de 5 mm dans chaque couleur. Assemblez-les. Détaillez des petits ronds à l'emporte-pièce, et posez-les sur les choux (collez-les avec un peu de miel), puis appuyez une petite boule rouge au milieu.

choux sucrés classiques

Choux
pistache

Pour 20 choux

Pour 400 g de crème pâtissière à la pistache
250 g de lait frais entier • 40 g de pâte de pistache • 2 jaunes d'œufs • 40 g de sucre semoule • 25 g de Maïzena® • 20 g de beurre • 100 g de pistaches hachées

Pour la pâte à choux (voir p. 4)

Pour le glaçage (voir p. 7)
250 g de fondant blanc pâtissier • entre 25 g et 50 g d'eau • Colorant alimentaire vert

La crème pâtissière à la pistache

Faites bouillir sur feu moyen le lait avec la pâte de pistache ; laissez infuser 10 minutes.

Pendant ce temps, versez les jaunes d'œufs dans un saladier, avec le sucre et la Maïzena®. Fouettez vivement, mais sans faire blanchir le mélange.

Portez de nouveau à ébullition le lait vanillé. Incorporez un tiers du lait bouillant dans le mélange jaunes d'œufs, sucre et Maïzena®, et fouettez bien.

Reversez le tout dans la casserole, et faites cuire sur feu vif en fouettant vivement. Dès que la crème épaissit, retirez la casserole du feu, ajoutez le beurre et fouettez jusqu'à ce qu'il soit totalement incorporé à la crème.

Versez la crème sur un film alimentaire, enveloppez-la complètement afin qu'elle ne sèche pas. Mettez-la à refroidir durant 10 minutes au congélateur, puis 1 heure au réfrigérateur.

Préparez les choux en suivant la recette (p. 4, option dorure) avec les pistaches hachées posées avant la cuisson.

Enlevez le film qui enveloppe la crème pâtissière. Versez-la dans un récipient, et fouettez-la vivement afin de la ramollir.

Percez les choux en dessous avec une poche à douille munie d'une douille fine et pochez la crème à l'intérieur.

Le glaçage (voir p. 7)

Dans une petite casserole, faites chauffer le fondant avec l'eau à 35 °C. À l'aide d'une spatule en bois, incorporez le colorant alimentaire vert. Mélangez, puis glacez chaque chou. Laissez figer avant de déguster !

choux sucrés classiques

Choux flan
à la vanille

Pour 20 choux

Pour 400 g de crème pâtissière à la vanille
250 g de lait frais entier • 1 gousse de vanille Bourbon • 1 cuillerée à soupe de vanille liquide • 1 jaune d'œuf • 1 œuf • 60 g de sucre semoule • 25 g de Maïzena® • 25 g de beurre • Sucre glace

Pour la pâte à choux (voir p. 4)

La crème à la vanille

Portez le lait à ébullition sur feu moyen avec la gousse de vanille fendue en deux et grattée et la vanille liquide ; laissez infuser 10 minutes. Retirez la gousse de vanille. Réservez.

Pendant ce temps, versez dans un saladier le jaune d'œuf, l'œuf avec le sucre et la Maïzena®. Fouettez vivement, mais sans faire blanchir.

Portez de nouveau à ébullition le lait vanillé. Incorporez un tiers du lait bouillant au mélange jaune, œuf, sucre et Maïzena®, et fouettez bien. Reversez le tout dans la casserole et faites cuire sur feu vif en fouettant vivement. Dès que la crème épaissit, retirez la casserole du feu ; ajoutez le beurre et fouettez jusqu'à ce que le beurre soit totalement incorporé à la crème.

Versez la crème sur un film alimentaire, enveloppez-la complètement afin qu'elle ne sèche pas. Mettez-la à refroidir durant 10 minutes au congélateur, puis 1 heure au réfrigérateur.

Préparez les choux en suivant la recette (p. 4, option dorure).

Enlevez le film qui enveloppe la crème pâtissière. Versez-la dans un récipient, et fouettez-la vivement afin de la ramollir.

Coupez les choux en deux, et pochez avec une poche à douille la crème au milieu, en boule régulière. Posez le dessus des choux et saupoudrez de sucre glace.

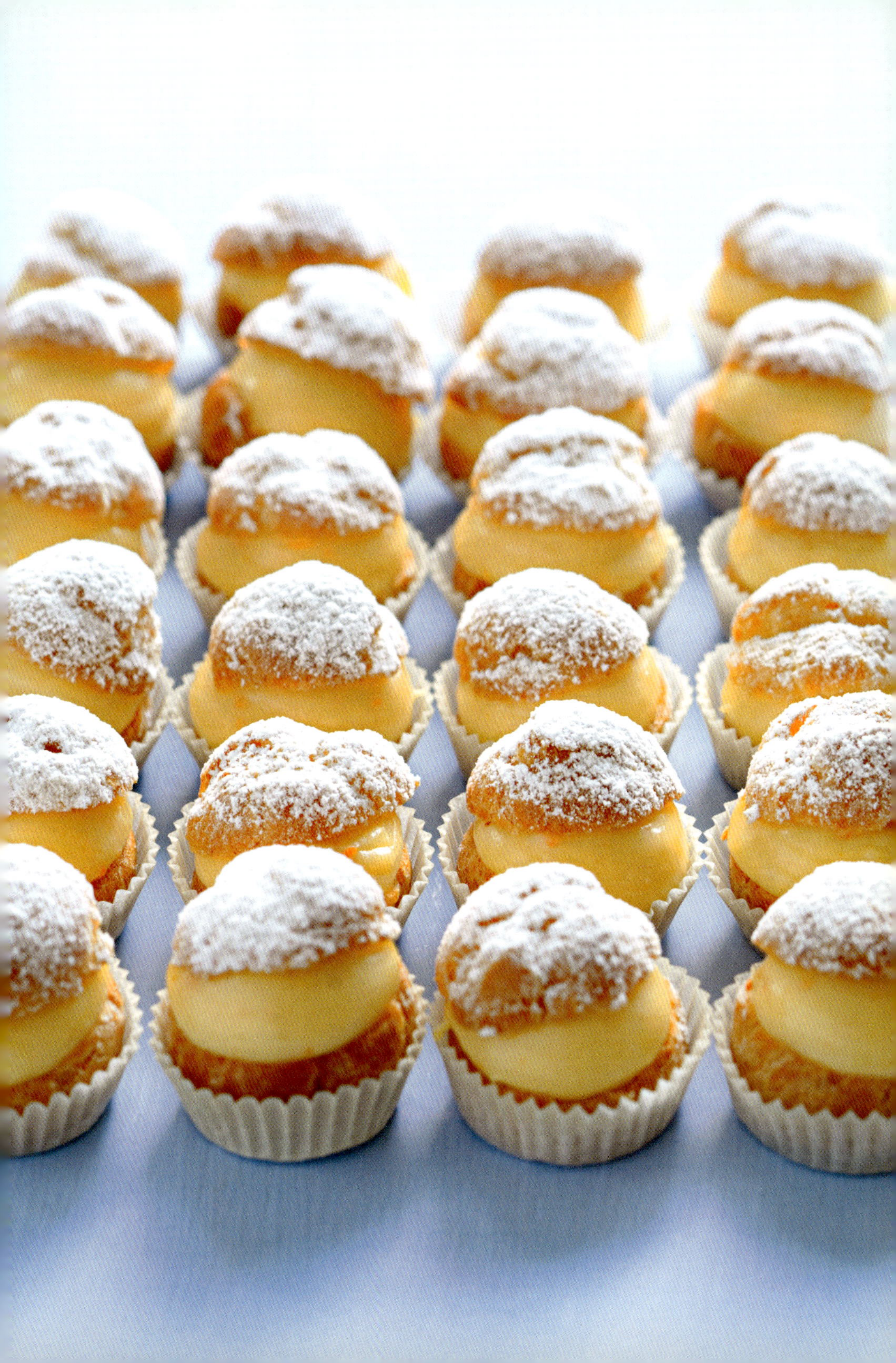

choux sucrés classiques

Choux blancs

Pour la chantilly
500 g de crème liquide entière • 10 g de vanille liquide • 45 g de sucre semoule

Pour la crème de marron
150 g de crème de marron

Pour la pâte à choux (voir p. 4)

Sucre glace

La chantilly
La veille, portez à ébullition la moitié de la crème. Versez la vanille liquide. Laissez infuser 30 minutes. Ajoutez le reste de crème, couvrez d'un film au contact et stockez au réfrigérateur une nuit.

La crème de marron
Laissez égoutter la crème de marron sur un tamis, ou une passette.

Préparez les choux en suivant la recette (p. 4, option dorure), en les dressant suivant une forme ronde.

Versez la crème à la vanille dans un récipient que vous posez dans un saladier contenant des glaçons. Fouettez. Lorsque la chantilly commence à être montée, ajoutez le sucre semoule. Cessez de battre dès qu'elle a une bonne tenue entre les branches de votre fouet.

Le montage
Déposez un peu de crème de marron dans le fond des choux.
En vous aidant d'une poche munie d'une douille lisse de 7 ou 8 mm, réalisez de belles rosaces de crème sur les choux. Déposez-les au congélateur.

Remplissez une poche munie d'une douille fine de crème de marron.
Sortez les choux chantilly du congélateur et déposez la crème de marron autour des choux.
Pour finir, saupoudrez les choux de sucre glace.

Remarque
Dans le commerce, on ne trouve que de la crème de marron, mais sachez que nous les pâtissiers, nous mélangeons à poids égal de la crème, de la pâte et de la purée de marron (c'est moins sucré et plus ferme) avec une pointe de cognac ou de rhum brun de bonne qualité.

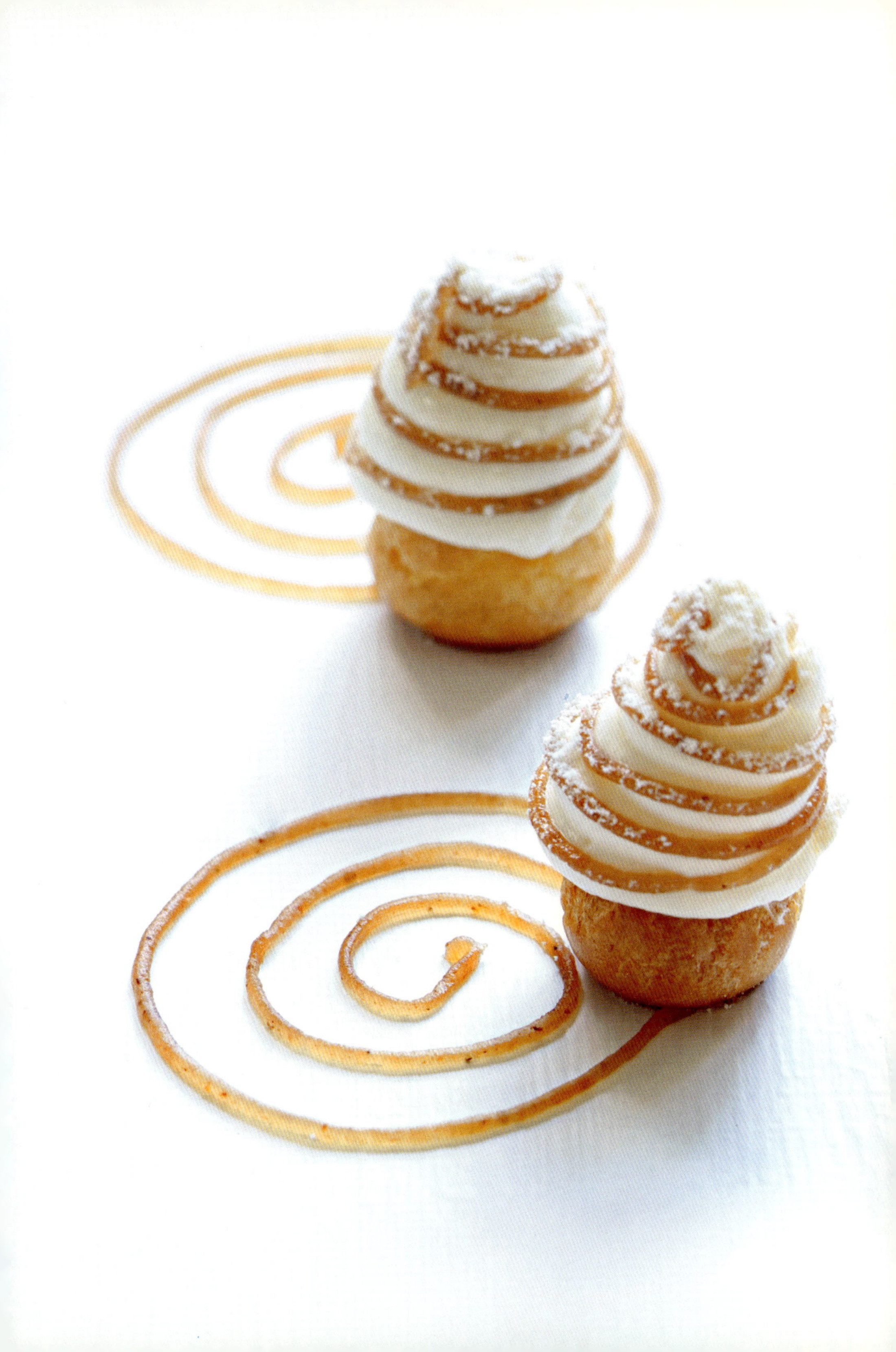

choux sucrés classiques

Choux Brest

Pour 25 choux

Pour 700 g de crème pâtissière au praliné
400 g de lait frais • ½ gousse de vanille • 4 jaunes d'œufs • 40 g de sucre semoule • 30 g de Maïzena® • 30 g de beurre • 100 g de praliné noisette

Pour la pâte à choux (voir p. 4)

Pour le décor
100 g d'amandes effilées • 50 g de sucre glace

La crème pâtissière au praliné

Faites chauffer sur feu moyen le lait, avec la vanille fendue et grattée.

Pendant ce temps, versez les jaunes d'œufs, dans un saladier, avec le sucre et la Maïzena®. Fouettez vivement, mais sans faire blanchir le mélange.

Incorporez un tiers du lait au mélange jaunes d'œufs, sucre et Maïzena®, et fouettez bien. Reversez le tout dans la casserole et faites cuire sur feu doux en fouettant vivement.

Dès que la crème épaissit, retirez la casserole du feu. Ajoutez le beurre et le praliné, et fouettez jusqu'à ce que le beurre et le praliné soient totalement incorporés à la crème.

Versez la crème sur un film alimentaire, enveloppez-la complètement afin qu'elle ne sèche pas. Mettez-la à refroidir pendant 1 heure au réfrigérateur.

Préparez les choux en suivant la recette (p. 4, option dorure).

Le décor

Couvrez les choux d'amandes effilées et de sucre glace.

Enlevez le film qui enveloppe la crème pâtissière. Versez-la dans un récipient, et fouettez-la vivement afin de la ramollir.

Percez les choux en dessous avec une poche à douille munie d'une douille fine et pochez la crème au praliné à l'intérieur.

Saupoudrez les choux de sucre glace.

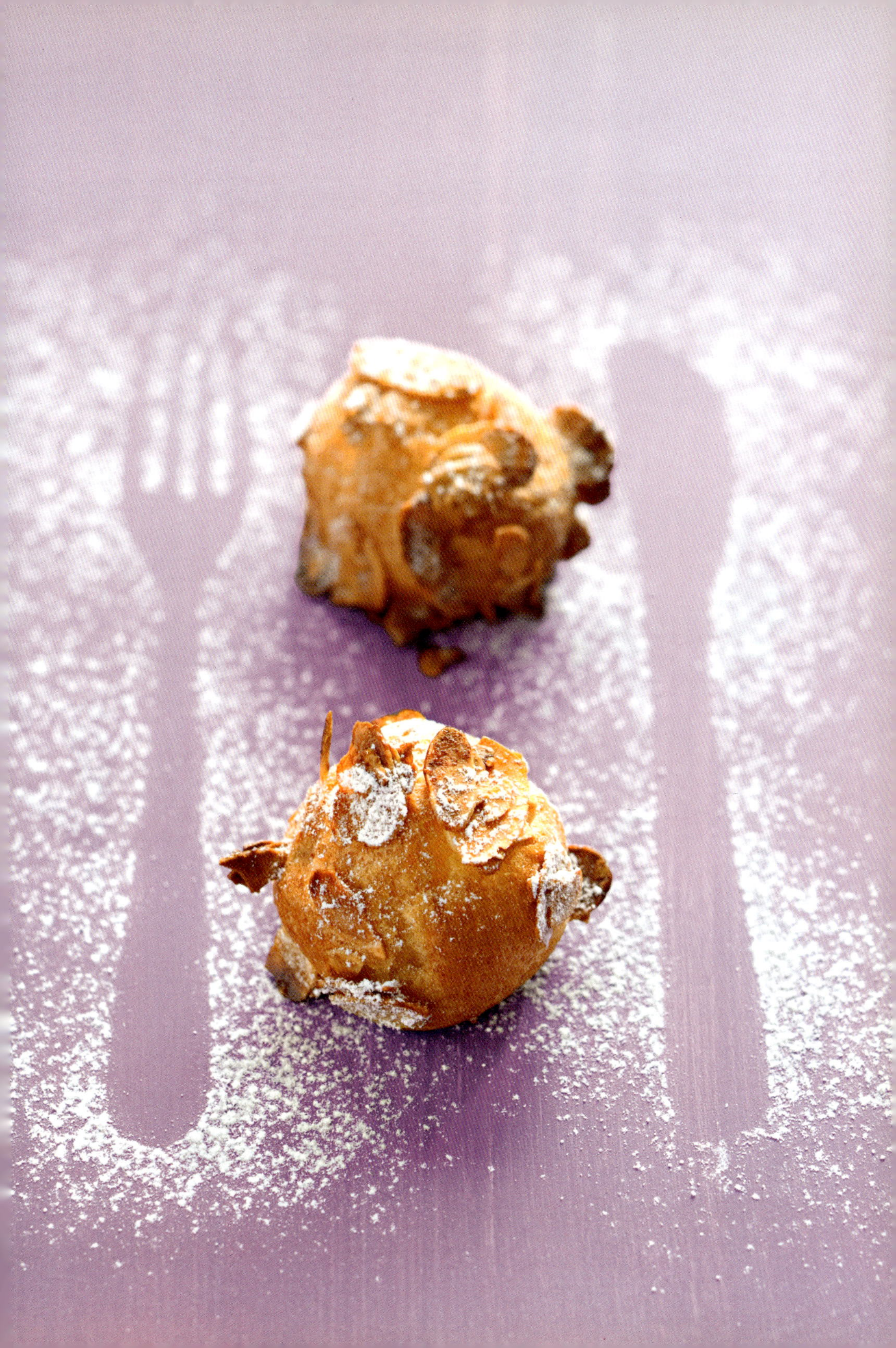

choux sucrés classiques

Choux
rhum

Pour 25 choux

Pour 700 g de crème pâtissière au rhum
400 g de lait frais • 5 jaunes d'œufs • 90 g de sucre semoule • 40 g de Maïzena® • 30 g de beurre • 20 g de rhum brun

Pour la pâte à choux (voir p. 4)

Pour le sucre cuit caramel
500 g de sucre en morceaux • 250 g d'eau • Le jus d'un ¼ de citron

La crème pâtissière au rhum

Faites chauffer sur feu moyen le lait.

Pendant ce temps, versez les jaunes d'œufs dans un saladier, avec le sucre, et la Maïzena®. Fouettez vivement, mais sans faire blanchir le mélange.

Incorporez un tiers du lait au mélange jaunes d'œufs, sucre et Maïzena®, et fouettez bien.

Reversez le tout dans la casserole au travers d'un tamis, et faites cuire sur feu doux en fouettant vivement.

Dès que la crème épaissit, retirez la casserole du feu. Ajoutez le beurre et le rhum. Fouettez jusqu'à ce que le beurre soit totalement incorporé à la crème.

Versez la crème sur un film alimentaire, enveloppez-la complètement afin qu'elle ne sèche pas. Mettez-la à refroidir durant 1 heure au réfrigérateur.

Préparez les choux en suivant la recette (p. 4, option dorure). Pochez-les en ovales.

Enlevez le film qui enveloppe la crème pâtissière. Versez-la dans un récipient, et fouettez-la vivement afin de la ramollir.

Percez les choux en dessous avec une poche à douille munie d'une douille fine et pochez la crème au rhum à l'intérieur.

Le sucre cuit caramel

Dans une casserole à fond épais, versez le sucre semoule, l'eau, le jus de citron et mélangez à l'aide d'une spatule bien propre. Faites cuire sur feu doux jusqu'à ébullition, puis augmentez le feu. Dès que le sirop prend une couleur caramel clair, ôtez la casserole du feu et posez-la 2 secondes sur un torchon mouillé pour stopper immédiatement la cuisson.

Piquez un chou à la pointe d'un couteau, trempez-le à peine dans le caramel. Collez-le sur une plaque antiahésive ou légèrement huilée.

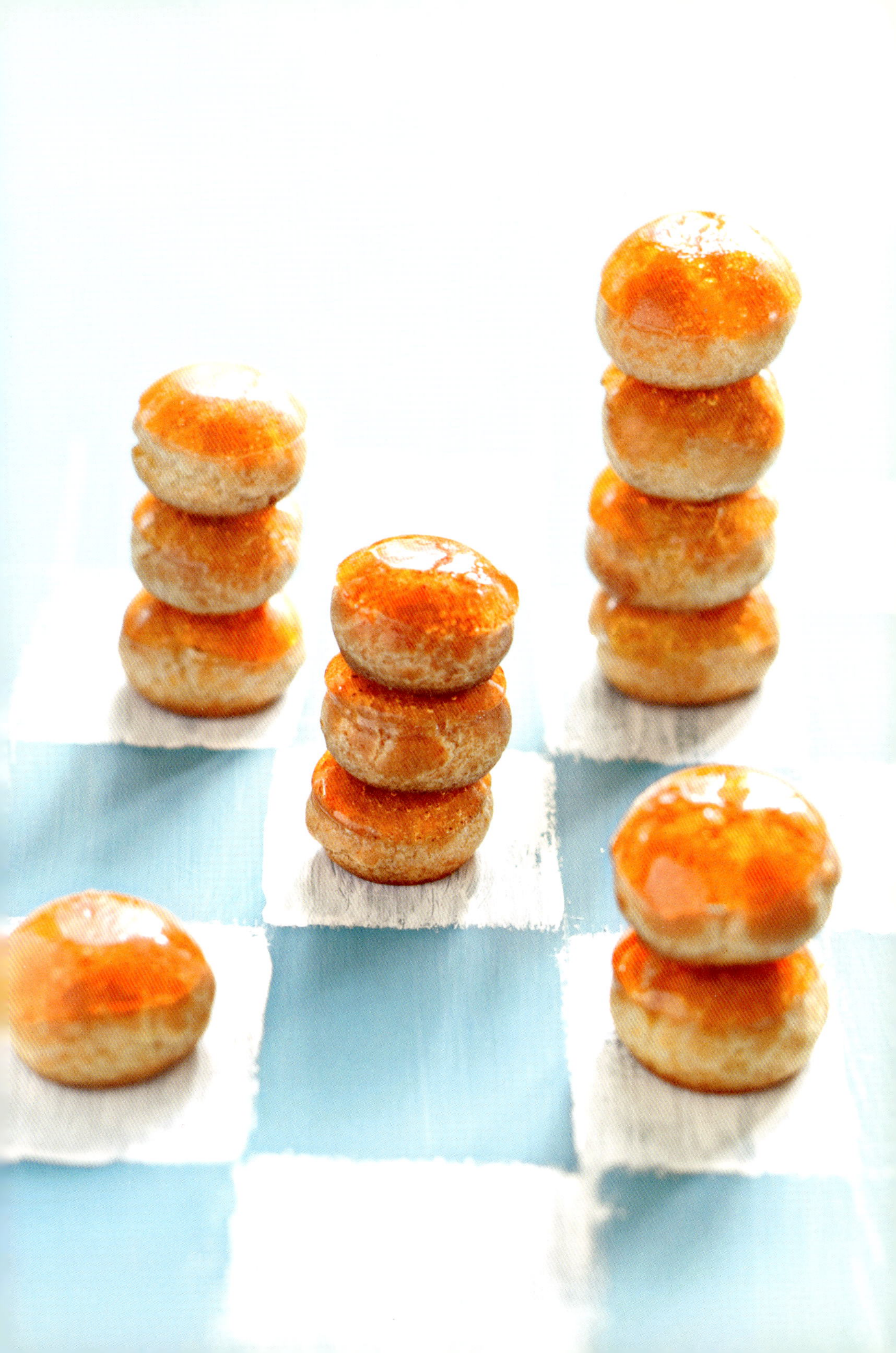

choux sucrés classiques

Choubouche

Pour 6 personnes
Temps de préparation : 2 h 30
Cuisson : 20 minutes

Pour cette pièce montée, je conseille de préparer simplement des choux à la vanille, glacés au fondant de plusieurs couleurs.

Pour le sucre cuit
500 g de sucre en morceaux • 250 g d'eau • 1 citron

Le support
Préparez un support en forme de cône. S'il est en bois ou en carton épais, couvrez-le de papier d'aluminium. S'il est en métal, huilez-le au pinceau, avec de l'huile de cuisine. Cela évitera au caramel de trop coller.

Le sucre cuit
Dans une casserole en cuivre étamé, à fond épais, versez le sucre, l'eau, le jus du citron et mélangez à l'aide d'une spatule bien propre. Faites cuire sur feu doux jusqu'à ébullition, puis augmentez le feu. Dès que le sirop prend une couleur caramel clair – 150 °C au thermomètre –, ôtez la casserole du feu et posez-la 2 secondes sur un torchon mouillé pour stopper immédiatement la cuisson.

Le montage
Trempez légèrement le côté de chaque chou dans le caramel. Et posez-les les uns à côté des autres. Laissez durcir la première rangée.
Recommencez l'opération jusqu'à la fin, en empilant les choux les uns sur les autres pour former une pièce montée.

Conseils
Ne préparez pas votre pièce montée trop à l'avance, car les choux craignent l'humidité. Pour plus de sûreté, réalisez et cuisez les choux la veille. Le jour même, passez-les 3 minutes au four (ils vont durcir), laissez-les refroidir, puis remplissez-les avec la crème de votre choix.
De préférence, faites une crème pâtissière. Évitez la crème au citron, par exemple, qui ne tient pas très bien lorsque la chaleur du caramel enrobe le choux.
Attention de ne pas vous brûler avec le caramel. Prenez votre temps !
Ne collez jamais les choux avec un caramel trop épais, ou trop froid. Réchauffez-le à chaque fois.
Isolez votre casserole contenant le caramel : posez-la sur un support en bois, ou une deuxième casserole, pour éviter que le caramel ne refroidisse trop vite.

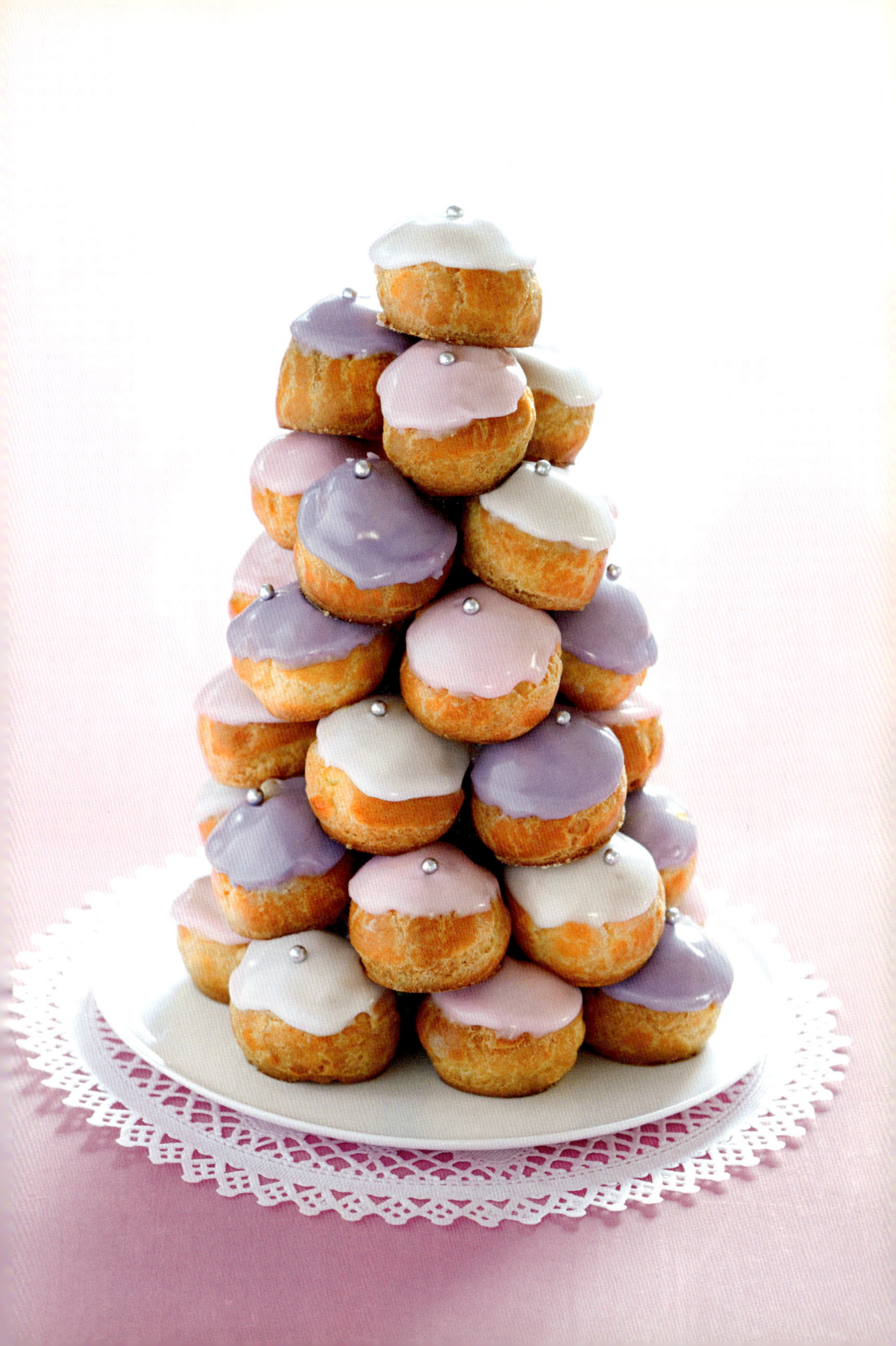

CHOUX SUCRÉS CONTEMPORAINS

choux sucrés contemporains

Choux doux
violette

Pour 30 choux

Pour 400 g de crème pâtissière à la violette
250 g de lait frais entier • 1 cuillerée à soupe de sirop à la violette • 10 gouttes d'arôme violette • 3 jaunes d'œufs • 60 g de sucre semoule • 25 g de Maïzena® • 25 g de beurre

Pour la pâte à choux (voir p. 4)

Pour le décor
100 g de violettes cristallisées (Maison de la Violette, à Toulouse, voir p. 95)

La crème à la violette

Portez le lait à ébullition sur feu moyen avec le sirop et l'arôme violette. Filtrez. Réservez.

Pendant ce temps, versez les jaunes d'œufs dans un saladier, avec le sucre et la Maïzena®. Fouettez vivement, mais sans faire blanchir.

Portez de nouveau à ébullition le lait à la violette. Incorporez un tiers du lait bouillant au mélange jaunes d'œufs, sucre et Maïzena®, et fouettez bien.

Reversez le tout dans la casserole et faites cuire sur feu vif en fouettant vivement. Dès que la crème épaissit, retirez la casserole du feu ; ajoutez le beurre et fouettez jusqu'à ce que le beurre soit totalement incorporé à la crème.

Versez la crème sur un film alimentaire, enveloppez-la complètement afin qu'elle ne sèche pas. Mettez-la à refroidir durant 10 minutes au congélateur, puis 1 heure au réfrigérateur.

Préparez les choux en suivant la recette (p. 4, option dorure).

Enlevez le film qui enveloppe la crème. Versez-la dans un récipient, et fouettez-la vivement afin de la ramollir. Percez le dessous des choux avec une poche à douille munie d'une douille fine et pochez la crème à la violette à l'intérieur.

Le décor

Écrasez les violettes à l'aide d'un rouleau pâtissier.

Avec le restant de crème, enrobez le dessus de chaque chou, et roulez-les dans les brisures de violette.

Saupoudrez sur les choux au travers d'un tamis le reste de violettes, afin d'obtenir un effet poudré.

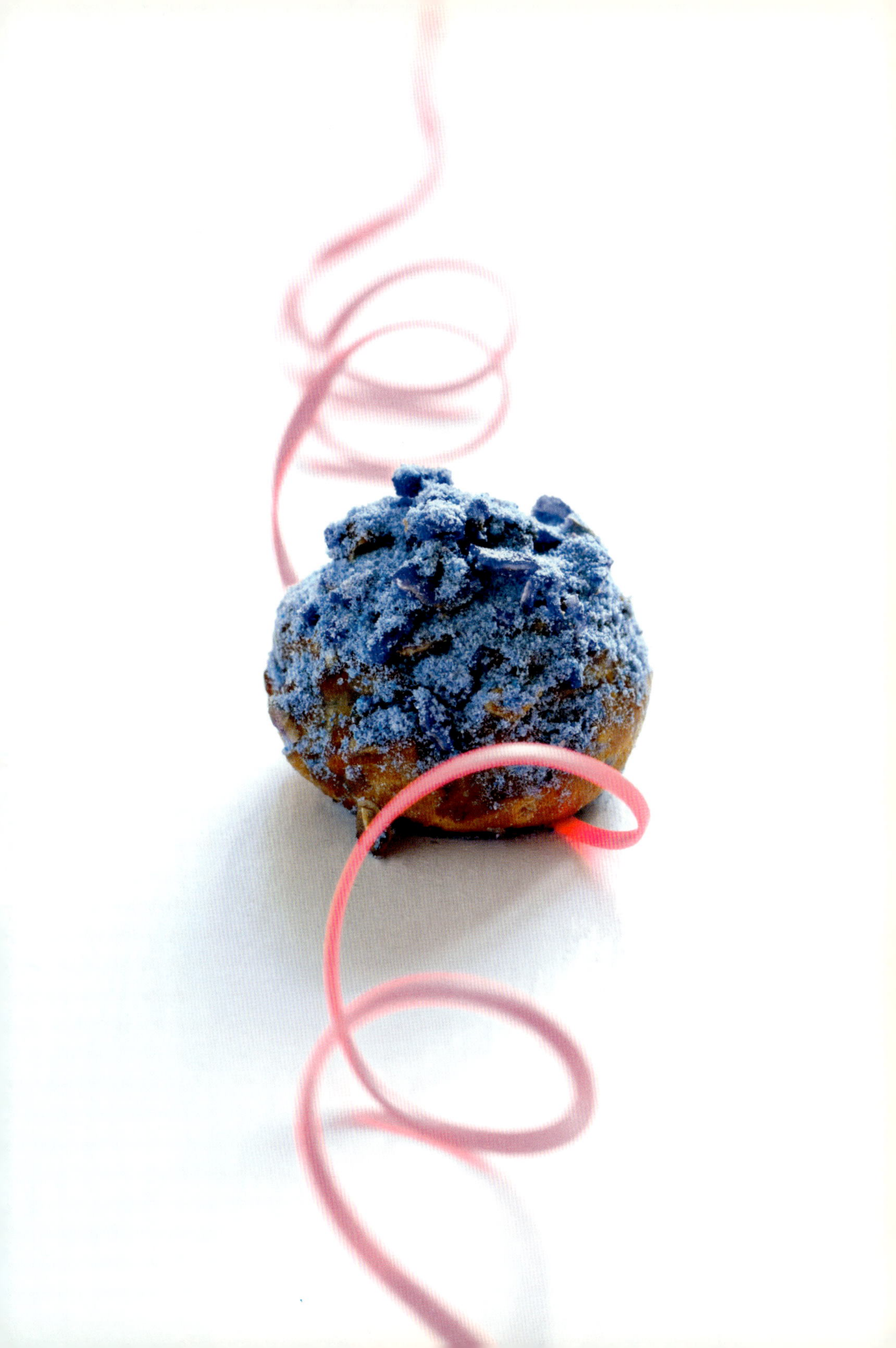

choux sucrés contemporains

Choux
œuf

Pour 20 choux

Pour la crème à la mangue
150 g de lait • ¼ de gousse de vanille grattée • 300 g de pulpe de mangue (le fruit mixé et tamisé) • 75 g de sucre semoule • 30 g de Maïzena® • 50 g de beurre

Pour la pâte à choux (voir p. 4)

Pour le glaçage et le décor (voir p. 7)
250 g de fondant blanc pâtissier • entre 25 g et 50 g d'eau • 50 g de pâte d'amande blanche • Vermicelles jaunes • Colorant jaune

La crème à la mangue
Dans une casserole, faites chauffer sur feu moyen le lait, la vanille, et la moitié de la pulpe de mangue. Réservez.

Pendant ce temps, mélangez le sucre et la Maïzena® dans un saladier, ajoutez le reste de pulpe de mangue. Fouettez vivement.

Portez à ébullition le mélange lait et pulpe. Incorporez un tiers du mélange bouillant au mélange sucre et Maïzena® et pulpe, et fouettez bien.

Reversez le tout dans la casserole ; faites cuire sur feu vif en fouettant vivement. Dès que la crème épaissit, retirez la casserole du feu, ajoutez le beurre et fouettez jusqu'à ce que le beurre soit totalement incorporé à la crème.

Versez la crème sur un film alimentaire, enveloppez-la complètement afin qu'elle ne sèche pas. Mettez-la à refroidir durant 1 heure au réfrigérateur.

Préparez les choux en suivant la recette (p. 4, option crumble), en les dressant suivant une forme oblongue.

Enlevez le film qui enveloppe la crème pâtissière. Versez-la dans un récipient, et fouettez-la vivement afin de la ramollir.

Percez les choux en dessous avec une poche à douille munie d'une douille fine et pochez la crème à la mangue à l'intérieur.

Le glaçage et le décor (p. 7)
Dans une petite casserole, faites chauffer le fondant avec l'eau à 35 °C. Mélangez, puis glacez chaque chou.

Colorez la pâte d'amande en jaune, et détaillez des petits ronds à l'aide d'un emporte-pièce, puis recouvrez-les de vermicelles jaunes (facultatif).

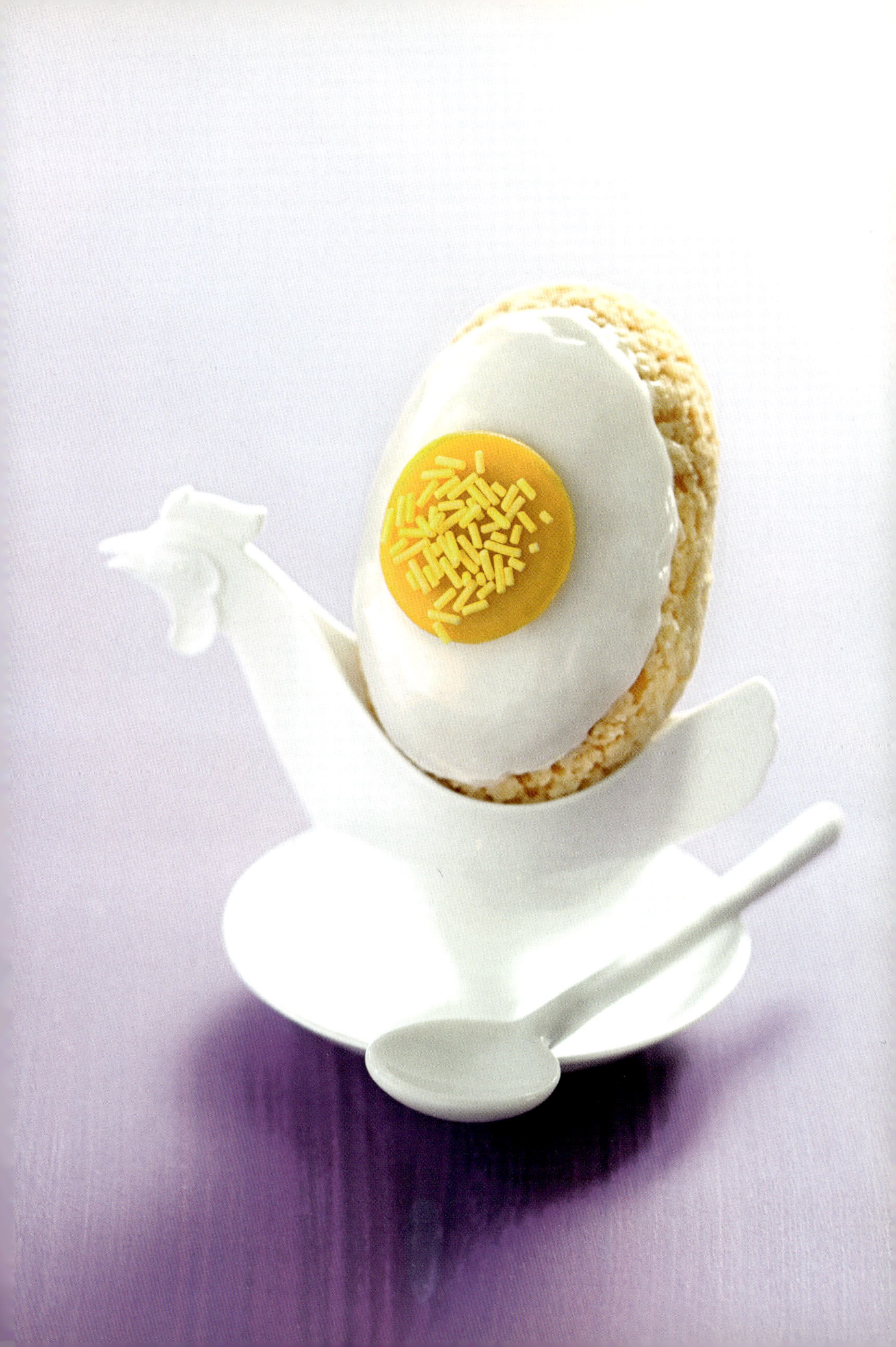

choux sucrés contemporains

Choux caramel cacahuète

Pour 20 choux

Pour les cacahuètes caramélisées
100 g de cacahuètes salées • 1 sachet de sucre vanillé • 40 g de sucre semoule • 50 g d'eau

Pour le caramel mou
125 g de sucre semoule • 25 g de glucose • 70 g de crème UHT • 100 g de beurre demi-sel

Pour 450 g de crème pâtissière au caramel
250 g de lait frais entier • 1 gousse de vanille • 3 jaunes d'œufs • 30 g de sucre semoule • 25 g de Maïzena® • 20 g de beurre • 100 g de caramel mou

Pour la pâte à choux (voir p. 4)

Les cacahuètes caramélisées
Hachez très grossièrement les cacahuètes.
Faites cuire les sucres et l'eau à 120 °C.
Incorporez les cacahuètes et remuez énergiquement afin de légèrement caraméliser l'ensemble ; le sucre cristallise d'abord, puis caramélise. Versez le tout sur une plaque antiadhésive, et séparez les cacahuètes. Attention, c'est chaud !

Le caramel mou
Faites cuire le sucre à sec avec le glucose jusqu'à coloration caramel, déglacez doucement avec la crème tiédie, tout en mélangeant à la spatule en bois. Ajoutez le beurre demi-sel et cuisez à 108 °C.

La crème pâtissière au caramel
Faites bouillir sur feu moyen le lait et la gousse de vanille fendue et grattée ; laissez infuser 10 minutes. Pendant ce temps, versez les jaunes d'œufs, dans un saladier, avec le sucre et la Maïzena®. Fouettez vivement, mais sans faire blanchir le mélange.
Portez de nouveau à ébullition le lait vanillé. Incorporez un tiers du lait bouillant dans le mélange jaunes d'œufs, sucre et Maïzena®, et fouettez bien.
Reversez le tout dans la casserole, et faites cuire sur feu vif en fouettant vivement. Dès que la crème épaissit, retirez la casserole du feu, ajoutez le beurre et le caramel mou, et fouettez jusqu'à ce qu'ils soient totalement incorporés à la crème.
Versez la crème sur un film alimentaire, enveloppez-la complètement afin qu'elle ne sèche pas. Mettez-la à refroidir durant 10 minutes au congélateur, puis 1 heure au réfrigérateur.

Préparez les choux en suivant la recette (p. 4, option dorure).

Enlevez le film qui enveloppe la crème pâtissière. Versez-la dans un récipient et fouettez-la vivement afin de la ramollir.
Percez les choux en dessous avec une poche à douille munie d'une douille fine et pochez la crème à l'intérieur. Faites fondre le reste de caramel sur feu doux et trempez-y les choux. Pour finir, posez les cacahuètes sur les choux.

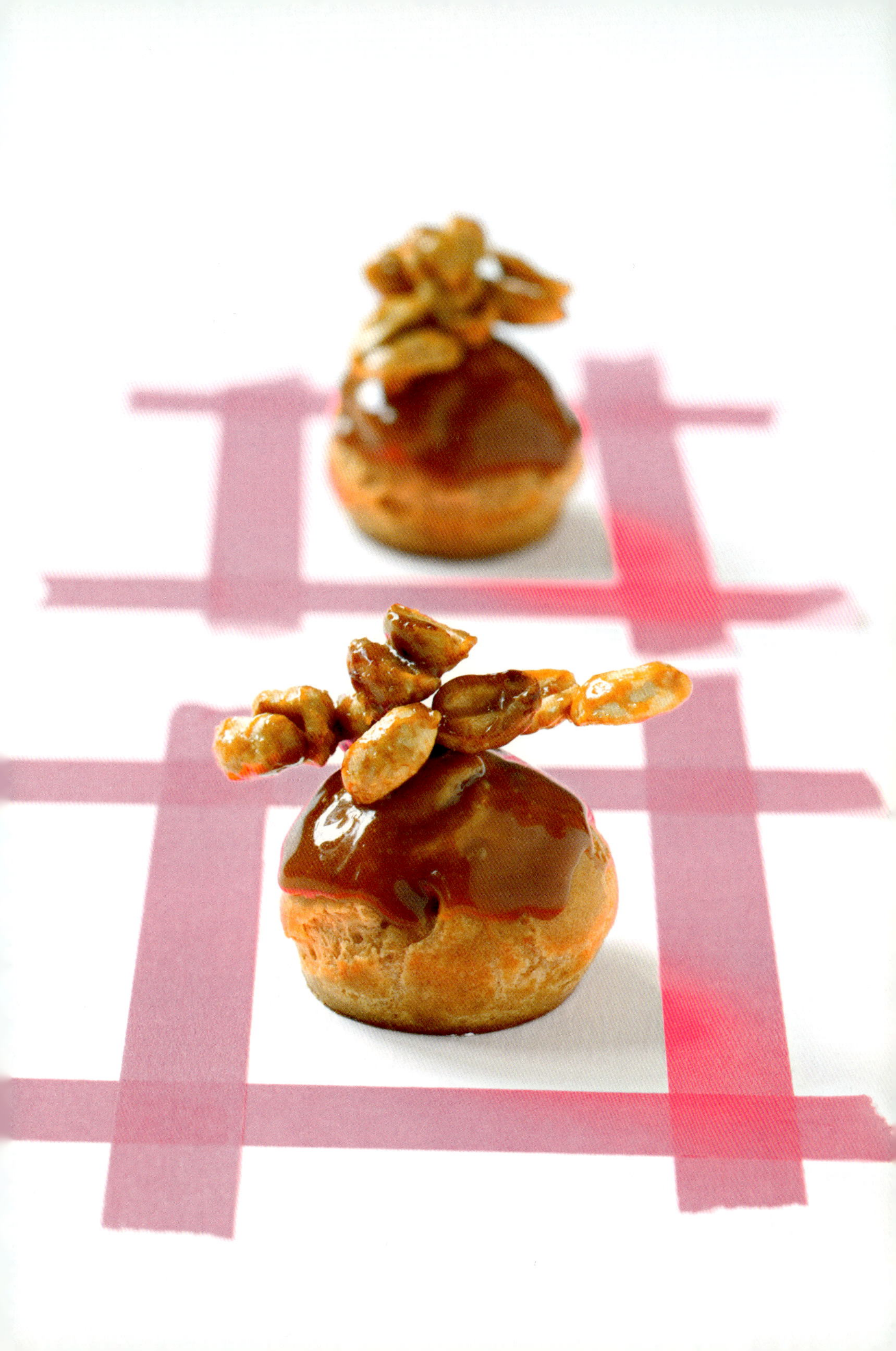

choux sucrés contemporains

Choux pamplemousse céréales

Pour 20 choux

Pour 450 g de crème pâtissière au pamplemousse
200 g de lait frais entier • 1 gousse de vanille • 3 jaunes d'œufs • 20 g de sucre semoule • 40 g de sirop de pamplemousse • 50 g de jus de pamplemousse rose • 1 pamplemousse zesté • 5 g de Cointreau® • 25 g de Maïzena® • 20 g de beurre

Pour la pâte à choux (voir p. 4)

Pour le décor
50 g de mélange de céréales • 50 g de sucre glace

La crème pâtissière au pamplemousse

Portez le lait à ébullition, sur feu moyen, avec la vanille fendue et grattée ; laissez infuser 10 minutes.

Pendant ce temps, versez les jaunes d'œufs, dans un saladier, avec le sucre, le sirop, le jus et les zestes fins de pamplemousse, le Cointreau® et la Maïzena®. Fouettez vivement, mais sans faire blanchir le mélange.

Portez de nouveau à ébullition le lait vanillé. Incorporez un tiers du lait bouillant dans le mélange précédent et fouettez bien.

Reversez le tout dans la casserole, et faites cuire sur feu vif en fouettant vivement. Dès que la crème épaissit, retirez la casserole du feu ; ajoutez le beurre, et fouettez jusqu'à ce qu'il soit totalement incorporé à la crème.

Versez la crème sur un film alimentaire, enveloppez-la complètement afin qu'elle ne sèche pas. Mettez-la à refroidir durant 10 minutes au congélateur, puis 1 heure au réfrigérateur.

Préparez les choux en suivant la recette (p. 4, option dorure).

Le décor

Avant et après la cuisson des choux, couvrez-les d'un mélange de céréales puis saupoudrez-les de sucre glace.

Enlevez le film qui enveloppe la crème pâtissière. Versez-la dans un récipient, et fouettez-la vivement afin de la ramollir.

Percez les choux en dessous avec une poche à douille munie d'une douille fine et pochez la crème à l'intérieur. Saupoudrez de nouveau de sucre glace.

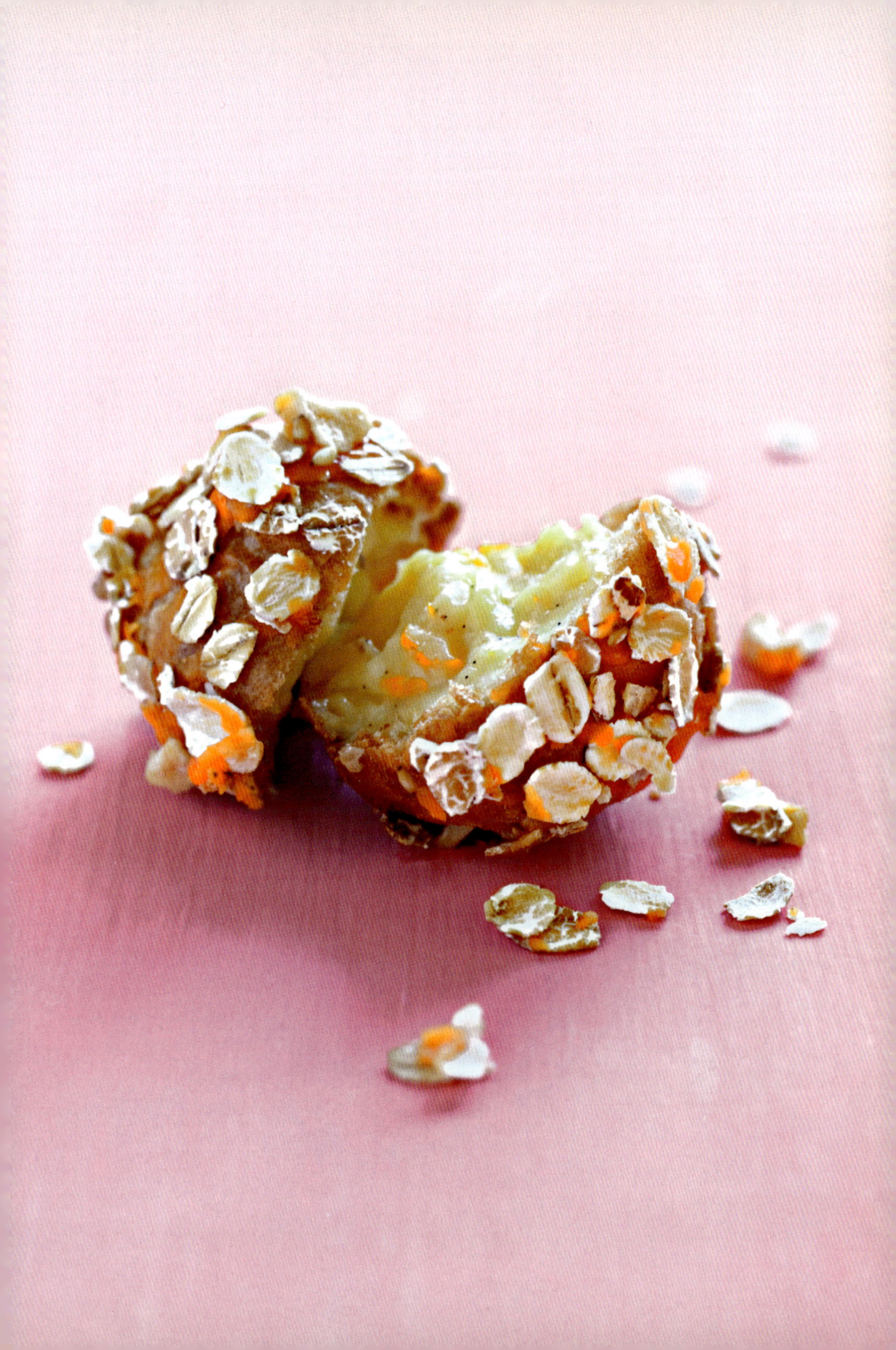

choux sucrés contemporains

Choux
ananas
mangue

Pour 30 choux

Pour 700 g de crème pâtissière à l'ananas
200 g de lait • 200 g pulpe d'ananas • 90 g de jaunes d'œufs • 140 g de sucre • 35 g de Maïzena® • 40 g de beurre

Pour la pâte à choux (voir p. 4)

Pour le décor
1 mangue • 1 ananas mûr à point • 50 g de noix de coco râpée

La crème pâtissière à l'ananas

Faites chauffer sur feu moyen le lait.

Pendant ce temps, versez les jaunes d'œufs, dans un saladier, avec le sucre et la Maïzena®. Fouettez vivement, mais sans faire blanchir le mélange.

Incorporez le lait au mélange jaunes d'œufs, sucre et Maïzena®, ajoutez la pulpe et fouettez bien.

Reversez le tout dans la casserole et faites cuire sur feu doux en fouettant vivement.

Dès que la crème épaissit, retirez la casserole du feu, incorporez le beurre et fouettez jusqu'à ce que le beurre soit totalement incorporé à la crème.

Versez la crème sur un film alimentaire, enveloppez-la complètement afin qu'elle ne sèche pas.

Laissez refroidir la crème 10 minutes au congélateur, puis 1 heure au réfrigérateur.

Préparez les choux en suivant la recette (p. 4, option dorure avec noix de coco râpée).

Enlevez le film, versez la crème dans un récipient, et fouettez-la vivement afin de la ramollir.

Le décor

Coupez la mangue et l'ananas en dés.

Coupez les choux en deux, puis pochez la crème à l'intérieur. Posez les dés de mangue sur la crème, ajoutez la deuxième partie des choux. Saupoudrez avec la noix de coco râpée, et un peu de sucre glace.

Décorez avec quelques dés de mangue.

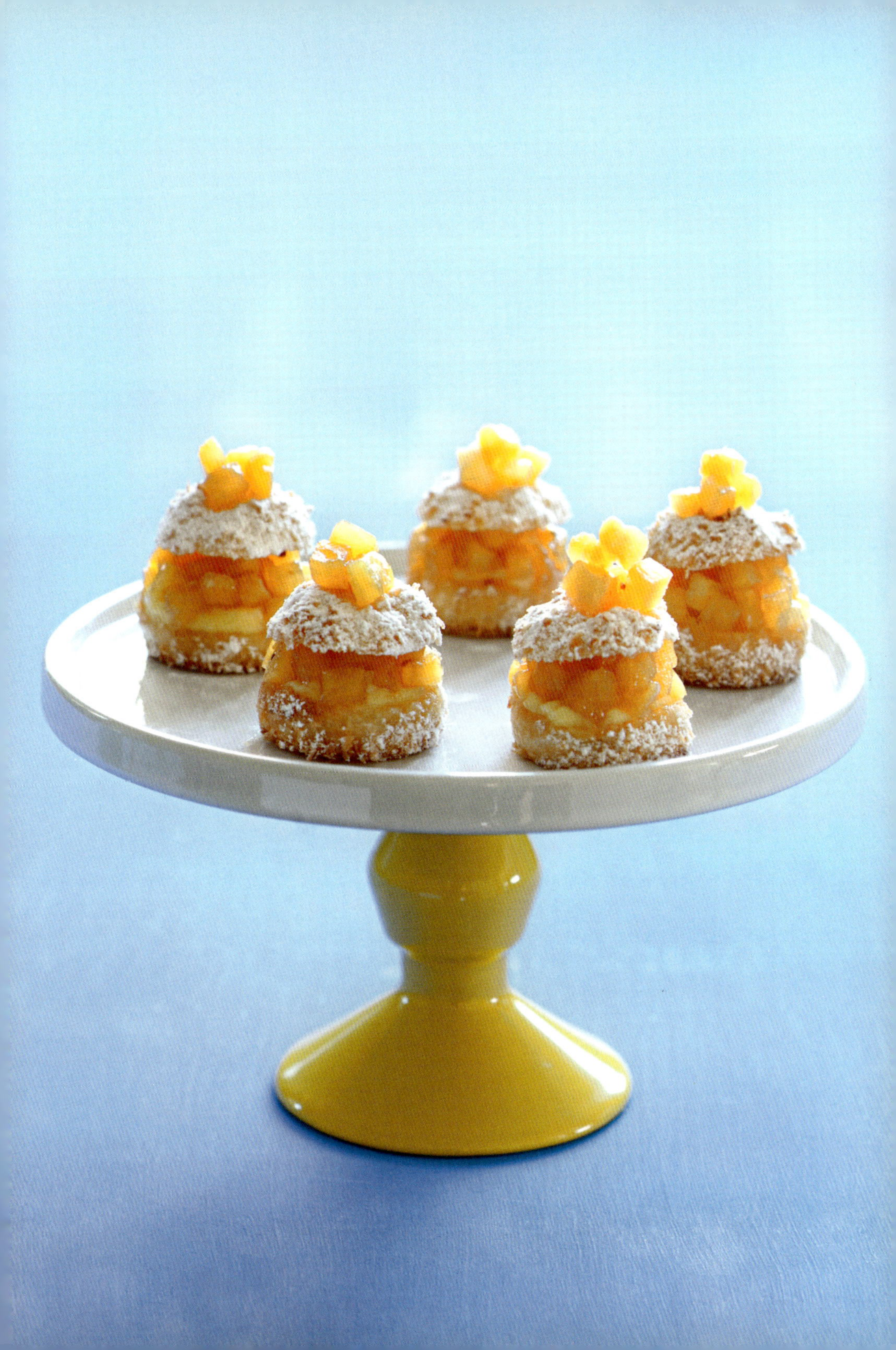

choux sucrés contemporains

Choux
duo

Pour 25 choux

Pour 600 g de crème pâtissière à l'orange et au citron
2 g de gélatine (1 feuille) • 400 g de lait frais • 4 jaunes d'œufs • 80 g de sucre semoule • Quelques gouttes d'huile essentielle d'orange • 30 g de Maïzena® • 20 g de beurre • 9 g de zestes d'oranges séchés • 6 g de zestes de citrons

Pour la pâte à choux (voir p. 4)

Pour le glaçage et le décor (voir p. 7)
500 g de fondant blanc pâtissier • entre 25 g et 50 g d'eau • Colorants alimentaires jaune et rouge • 50 g de vermicelles jaunes • 50 g de vermicelles orange

La crème pâtissière à l'orange et au citron
Mettez la gélatine à tremper dans de l'eau froide
Faites chauffer le lait sur feu moyen.
Pendant ce temps, versez les jaunes d'œufs dans un saladier, avec le sucre, l'huile essentielle et la Maïzena®. Fouettez vivement, mais sans faire blanchir le mélange.
Incorporez un tiers du lait dans le mélange jaunes d'œufs, sucre, huile essentielle et Maïzena®, et fouettez bien. Reversez le tout dans la casserole et faites cuire sur feu doux en fouettant vivement.
Dès que la crème épaissit, retirez la casserole du feu, incorporez la gélatine. Ajoutez le beurre et fouettez jusqu'à ce qu'il soit totalement incorporé à la crème.
Divisez la crème en deux parties, ajoutez dans une partie les zestes de citron et dans l'autre les zestes d'oranges et l'huile essentielle.
Versez les crèmes sur un film alimentaire, enveloppez-les complètement afin qu'elles ne sèchent pas. Laissez-les refroidir 1 heure au réfrigérateur.
Préparez les choux en suivant la recette (p. 4, option dorure).
Enlevez le film qui enveloppe les crèmes pâtissières. Versez-les dans un récipient, et fouettez-les vivement afin de les ramollir.
Percez les choux en dessous avec une poche à douille munie d'une douille fine et pochez les crèmes à l'intérieur.

Le glaçage et le décor (voir p. 7)
Dans une petite casserole, faites chauffer le fondant et l'eau à 35 °C. À l'aide d'une spatule en bois, incorporez le colorant alimentaire jaune. Mélangez, trempez les choux citron et posez-les sur du vermicelle jaune.
Recommencez l'opération en colorant le fondant en orange et les vermicelles orange.

Plantez les choux sur des piques à brochettes.

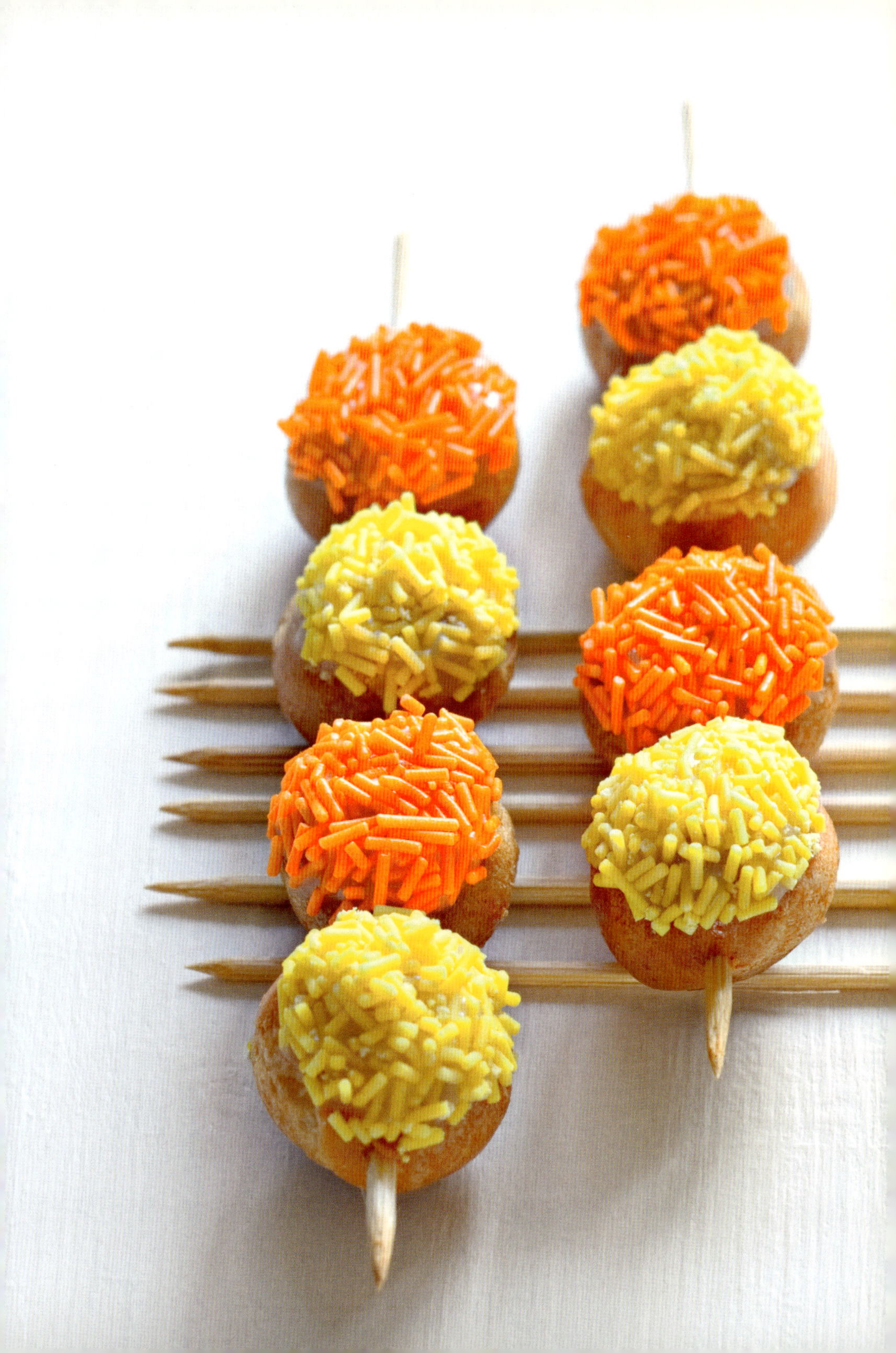

choux sucrés contemporains

Choux
champignon

Pour 20 choux

Pour 400 g de crème pâtissière à la fraise
1 feuille de gélatine • 250 g de pulpe de fraises • 2 jaunes d'œufs • 30 g de sucre semoule • 30 g de Maïzena® • 50 g de lait entier • 25 g de beurre

Pour la pâte à choux (voir p. 4)

Pour la crème au citron (voir chou citron p. 20)

Pour le décor
50 g de pâte d'amande blanche • 50 g de miel

La crème pâtissière à la fraise

Mettez la gélatine à tremper dans de l'eau très froide.
Faites chauffer sur feu moyen la pulpe de fraises et le lait. Filtrez.
Pendant ce temps, versez les jaunes d'œufs dans un saladier avec le sucre et la Maïzena®. Fouettez vivement, mais sans faire blanchir le mélange.
Incorporez le lait fraise au mélange jaunes d'œufs, sucre et Maïzena®, et fouettez bien. Reversez le tout dans la casserole et faites cuire sur feu doux en fouettant vivement.
Dès que la crème épaissit, retirez la casserole du feu, incorporez la gélatine et ajoutez le beurre et fouettez jusqu'à ce que le beurre soit totalement incorporé à la crème.
Versez la crème sur un film alimentaire, enveloppez-la complètement afin qu'elle ne sèche pas. Mettez-la à refroidir durant 10 minutes au congélateur, puis 1 heure au réfrigérateur.

La crème pâtissière au citron

Réalisez la recette de la crème pâtissière du chou au citron (voir p. 20)

Préparez les choux en suivant la recette (p. 4).

Divisez la pâte en deux parties : la première pour l'option crumble (voir p. 7) est colorée en rouge, la seconde est faite suivant l'option dorure (voir p. 6).
Enlevez le film qui enveloppe la crème pâtissière. Versez-la dans un récipient, et fouettez-la vivement afin de la ramollir.
Étalez la pâte d'amande finement, détaillez des petits ronds à l'aide d'une douille unie.
Percez les choux en dessous avec une poche à douille munie d'une douille fine et pochez chaque chou de crème à la fraise ou au citron.

Le décor

Sur les choux crumble, posez plusieurs petits ronds en pâte d'amande, en les collant à l'aide de miel. Posez les choux l'un sur l'autre, en les fixant à l'aide de la crème au citron.

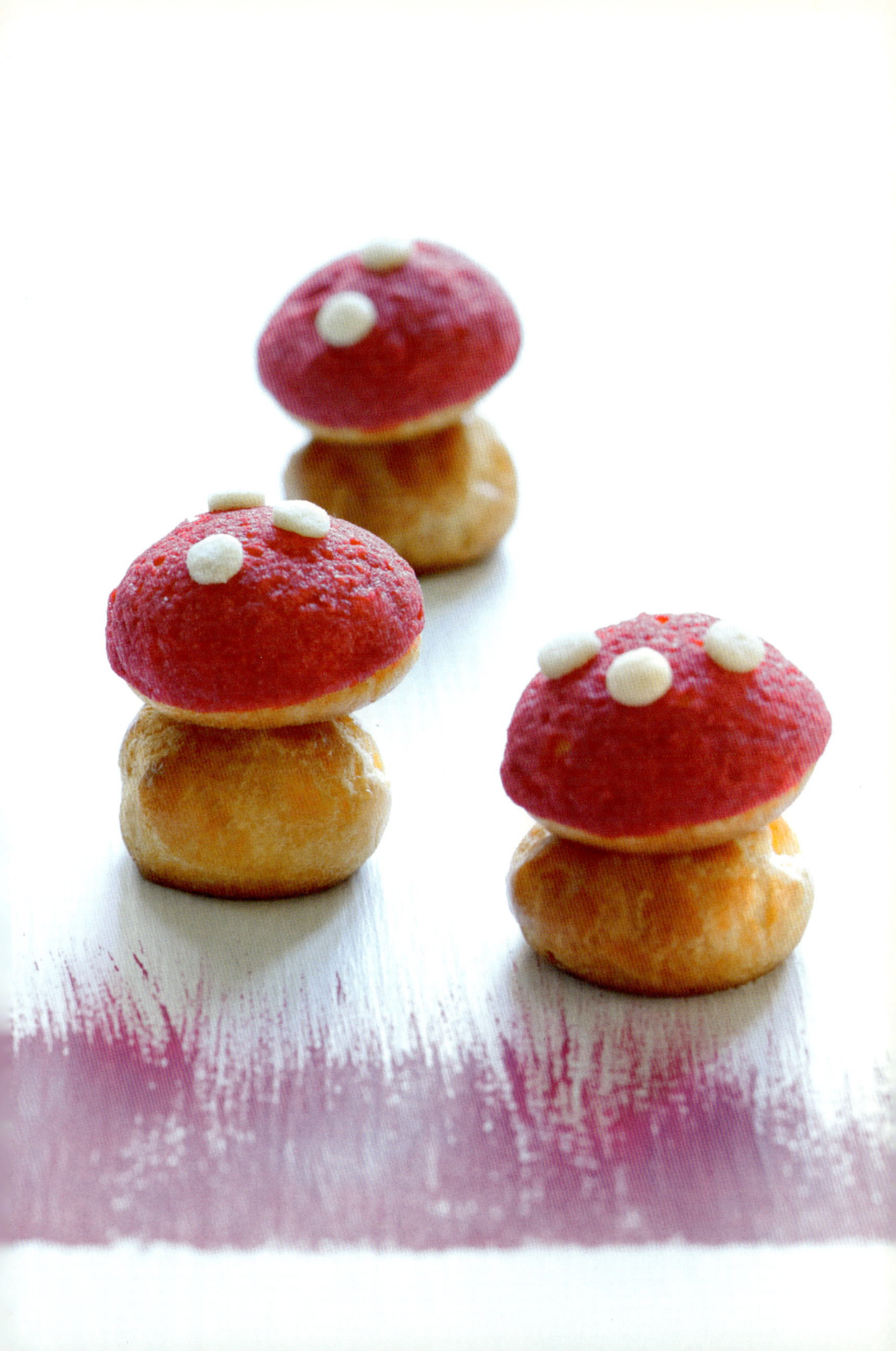

choux sucrés contemporains

Choux
chocolat
noisette

Pour 25 choux

Pour 700 g de crème pâtissière au chocolat
80 g de chocolat noir à 70 % de cacao • 1 gousse de vanille • 500 g de lait • 50 g de sucre semoule • 4 jaunes d'œufs • 50 g de Maïzena® • 1 cuillerée à soupe de cacao en poudre

Pour la pâte à choux (voir p. 4)

Pour les noisettes au chocolat
100 g de noisettes grillées hachées • 30 g de chocolat au lait • 100 g de Nutella® • 1 cuillerée à café de cacao poudre

La crème pâtissière
Hachez le chocolat avec un couteau ou dans un robot.
Fendez la gousse de vanille dans le sens de la longueur. À l'aide d'un petit couteau pointu, grattez la pulpe pour récupérer les graines.
Dans une casserole, faites bouillir le lait avec la moitié du sucre semoule. Ajoutez la vanille.
Dans une jatte, battez les jaunes d'œufs avec le sucre restant, puis ajoutez la Maïzena®. Fouettez la préparation pour bien la lisser. Versez le lait bouillant peu à peu dessus en remuant avec un fouet. Transvasez la préparation dans la casserole et portez à ébullition en mélangeant sans cesse. La crème épaissit. Ôtez du feu avant qu'elle n'atteigne la pleine ébullition, fouettez encore. Versez immédiatement la préparation dans un saladier. Laissez tiédir. Ajoutez le chocolat haché et le cacao, et mélangez en fouettant. Posez un film alimentaire au contact avec la crème : il empêchera la formation d'une peau. Laissez refroidir à température ambiante.

Préparez les choux en suivant la recette (p. 4, option dorure), en les dressant suivant une forme ronde.

Lorsque la crème est froide, travaillez-la énergiquement au fouet jusqu'à obtention d'une consistance proche de la mayonnaise.
Percez les choux en dessous avec une poche à douille munie d'une douille fine et pochez la crème à l'intérieur.

Les noisettes au chocolat
Mélangez les noisettes hachées avec le chocolat au lait fondu. Enrobez le dessus des choux avec un peu de Nutella®, collez les noisettes, saupoudrez de cacao.

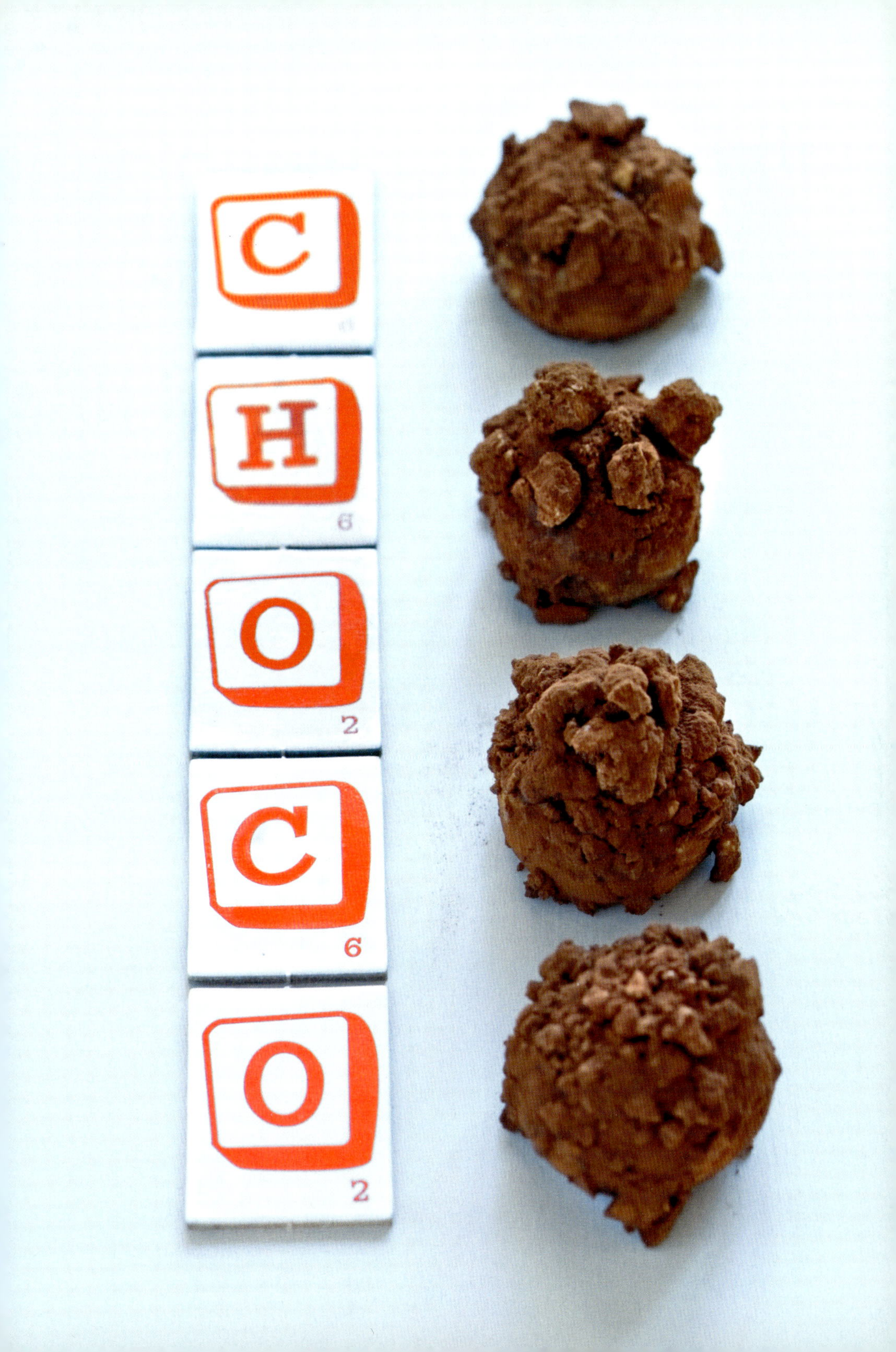
C
H
6
O
2
C
6
O
2

Choux yuzu

Pour 25 choux

Pour 450 g de crème pâtissière au yuzu
1 yuzu • 250 g de lait frais entier • 3 jaunes d'œufs • 60 g de sucre semoule • 25 g de Maïzena® • 40 g de jus de yuzu • 25 g de beurre

Pour le décor
50 g de noix de coco râpée • 50 g de sucre glace • Colorant jaune

Pour la pâte à choux (voir p. 4)

La crème pâtissière au yuzu

Râpez finement la peau du yuzu.

Portez le lait à ébullition sur feu moyen.

Pendant ce temps, versez les jaunes d'œufs, dans un saladier, avec le sucre, la Maïzena®, le jus de yuzu et les zestes. Fouettez vivement, mais sans faire blanchir.

Portez de nouveau à ébullition le lait. Incorporez un tiers du lait bouillant dans le mélange œufs, sucre, Maïzena®, jus, et fouettez bien.

Reversez le tout dans la casserole et faites cuire sur feu vif en fouettant vivement. Dès que la crème épaissit, retirez la casserole du feu ; ajoutez le beurre, et fouettez jusqu'à ce qu'il soit totalement incorporé à la crème.

Versez la crème sur un film alimentaire, enveloppez-la complètement afin qu'elle ne sèche pas. Mettez-la à refroidir durant 10 minutes au congélateur, puis 1 heure au réfrigérateur.

Préparez les choux en suivant la recette des choux (p. 4, option dorure). Pochez-les suivant une forme ronde.

Enlevez le film qui enveloppe la crème pâtissière. Versez-la dans un récipient, et fouettez-la vivement afin de la ramollir. Mettez de côté la valeur de 2 cuillerées à soupe de crème.

Percez les choux en dessous avec une douille fine, et pochez la crème à l'intérieur avec une poche garnie d'une douille de 5 mm.

Le décor

Mélangez la noix de coco, le sucre et le colorant jaune, à l'aide d'un fouet.

Enrobez le tiers supérieur de chaque chou avec un peu de crème, saupoudrez dessus la noix de coco râpée et le sucre. Réservez au frais jusqu'au moment de la dégustation.

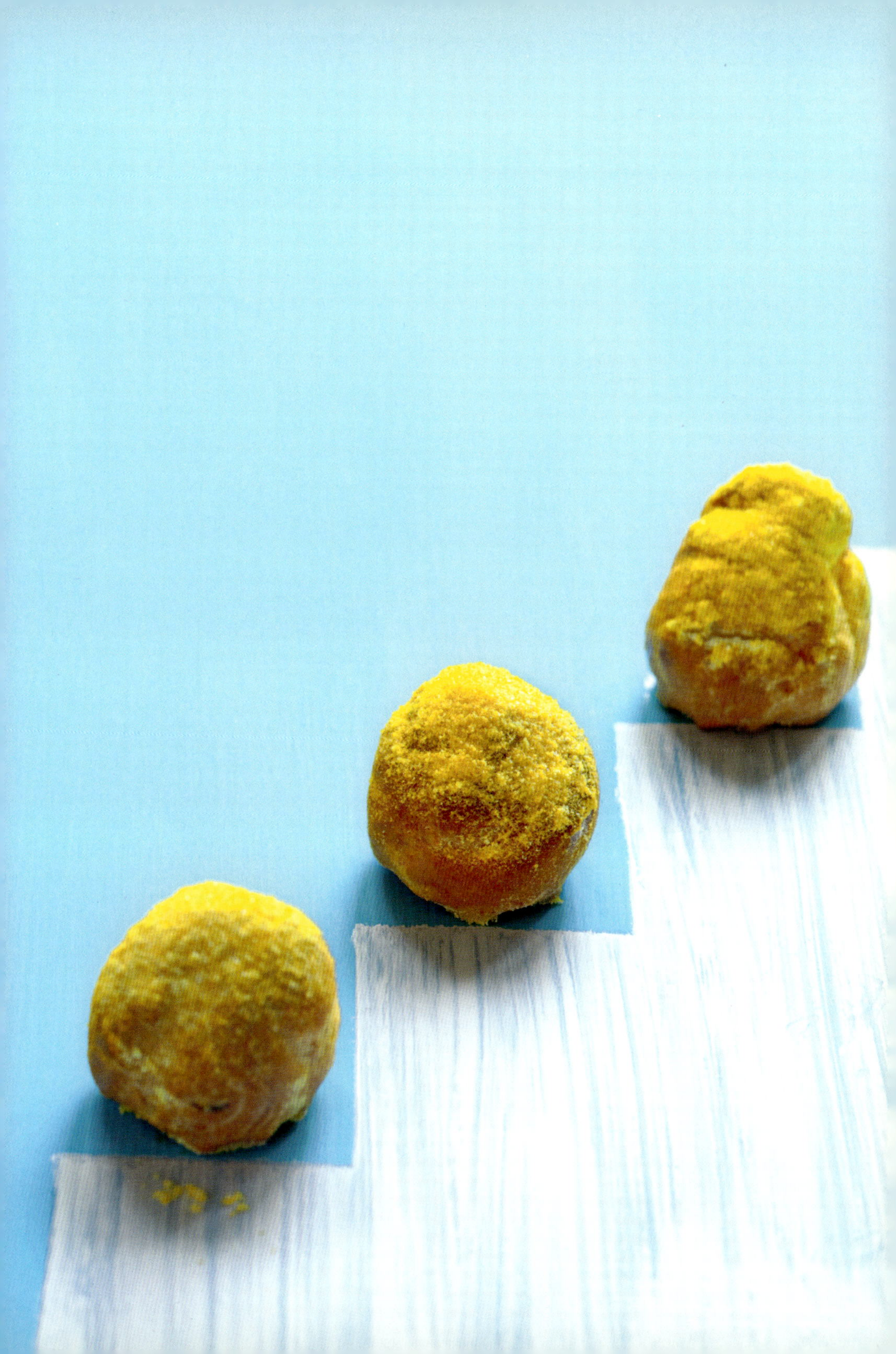

choux sucrés contemporains

Choux
choconoix

Pour 25 choux

Pour les noix caramélisées
100 g de noix décortiquées • 1 sachet de sucre vanillé • 40 g de sucre semoule • 50 g d'eau

Pour 700 g de crème pâtissière au chocolat
100 g de chocolat au lait à 40 % de cacao • 50 cl de lait • 30 g de sucre semoule • 50 g de Nutella® • 4 jaunes d'œufs • 50 g de Maïzena®

Pour la pâte à choux (voir p. 4)

Les noix caramélisées
Hachez très grossièrement les noix.
Faites cuire les sucres et l'eau à 120 °C.
Incorporez les noix et remuez énergiquement afin de légèrement caraméliser l'ensemble ; le sucre cristallise d'abord, puis caramélise. Versez le tout sur une plaque antiadhésive, et séparez les noix. Attention, c'est chaud !

La crème pâtissière au chocolat
Hachez le chocolat avec un couteau ou dans un robot.
Dans une casserole, portez à ébullition le lait avec la moitié du sucre semoule, et le Nutella®.
Dans une jatte, battez les jaunes d'œufs avec le sucre restant, puis ajoutez la Maïzena®. Fouettez la préparation pour bien la lisser. Versez le lait bouillant peu à peu dessus en remuant avec un fouet. Transvasez la préparation dans la casserole et portez de nouveau à ébullition en mélangeant sans cesse. La crème épaissit. Ôtez du feu avant qu'elle n'atteigne la pleine ébullition, fouettez encore. Versez immédiatement la préparation dans un saladier. Laissez tiédir. Ajoutez le chocolat haché et mélangez en fouettant. Posez un film alimentaire au contact avec la crème : il empêchera la formation d'une peau. Laissez refroidir à température ambiante.

Préparez les choux en suivant la recette (p. 4, option dorure), en les dressant suivant une forme ronde.

Lorsque la crème est froide, travaillez-la énergiquement au fouet jusqu'à obtention d'une consistance proche de la mayonnaise.
Percez les choux en dessous avec une poche à douille munie d'une douille fine et pochez la crème à l'intérieur. Décorez avec les noix collées avec un peu de caramel mou (voir choux caramel cacahuète p. 50).

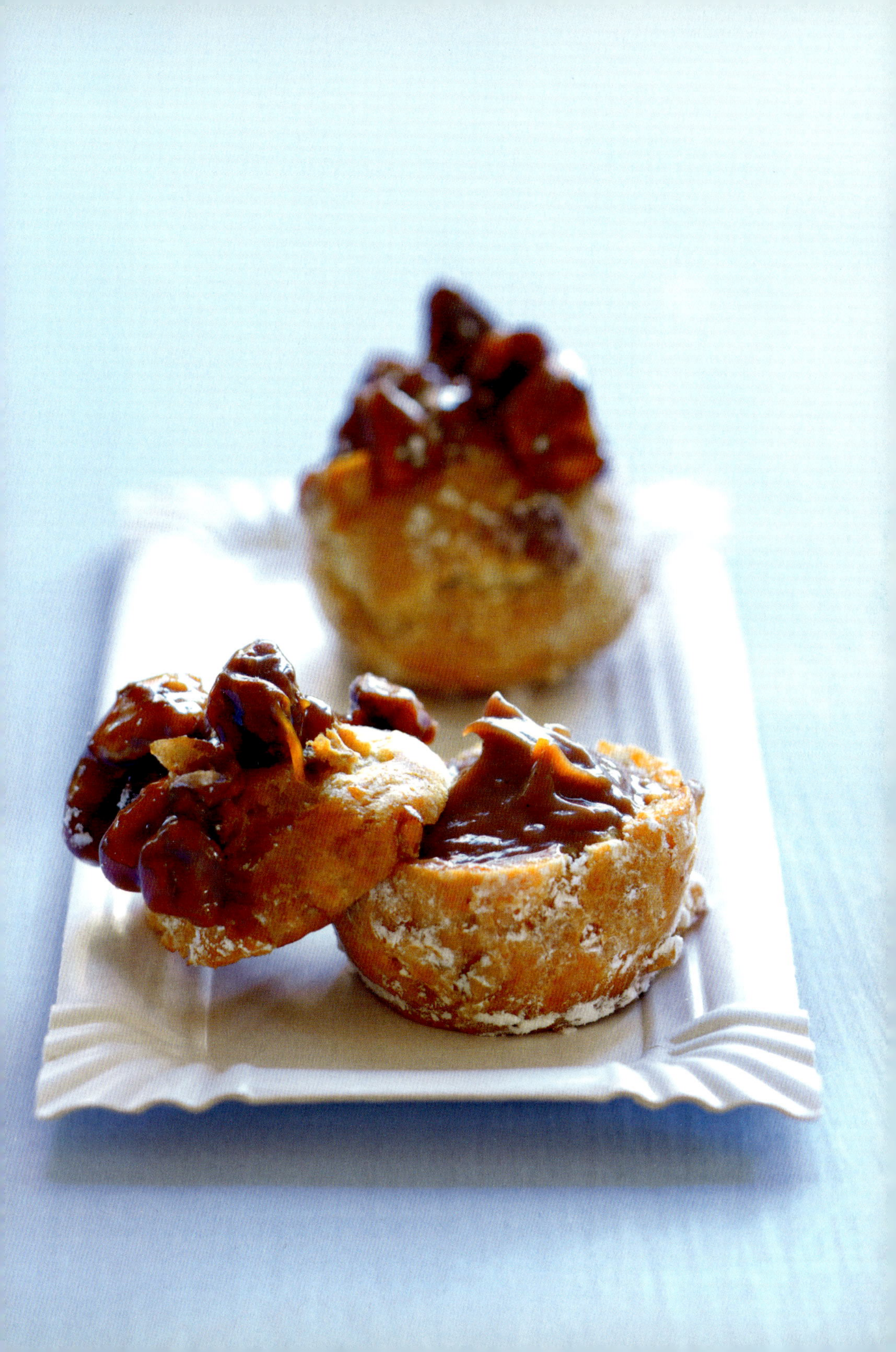

Choux citron fraise

choux sucrés contemporains

Pour 20 choux

Pour 400 g de crème pâtissière à la fraise et au citron vert
1 feuille de gélatine • 250 g de pulpe de fraises • 2 jaunes d'œufs • 30 g de sucre semoule • 30 g de Maïzena® • 50 g de lait entier • 25 g de beurre • Les zestes d'1 citron vert • 100 g de confiture de fraise

Pour la pâte à choux (voir p. 4)

Pour le glaçage et le décor (voir p. 7)
250 g de fondant blanc pâtissier • Entre 25 g et 50 g d'eau • Colorant alimentaire vert • Colorant alimentaire rouge • 150 g de fraises fraîches

La crème pâtissière à la fraise et au citron vert

Mettez la gélatine à tremper dans de l'eau très froide.

Faites chauffer sur feu moyen la pulpe de fraises et le lait. Filtrez.

Pendant ce temps, versez les jaunes d'œufs dans un saladier avec le sucre et la Maïzena®. Fouettez vivement, mais sans faire blanchir le mélange.

Incorporez le lait fraise au mélange jaunes d'œufs, sucre et Maïzena®, et fouettez bien. Reversez le tout dans la casserole et faites cuire sur feu doux en fouettant vivement.

Dès que la crème épaissit, retirez la casserole du feu, incorporez la gélatine et ajoutez le beurre et les zestes de citron vert. Fouettez jusqu'à ce que le beurre soit totalement incorporé à la crème.

Versez la crème sur un film alimentaire, enveloppez-la complètement afin qu'elle ne sèche pas. Mettez-la à refroidir durant 10 minutes au congélateur, puis 1 heure au réfrigérateur.

Préparez les choux en suivant la recette (p. 4, option dorure)

Percez les choux en dessous avec une douille fine. Remplissez chaque chou de crème à la fraise et au citron vert à l'aide d'une poche munie d'une douille unie de 5 mm.

Puis, avec un cornet en papier, ajoutez une pointe de confiture de fraise au milieu de la crème.

Le glaçage et le décor (voir p. 7)

Dans une petite casserole, faites chauffer le fondant avec l'eau à 35 °C. Mélangez, puis glacez chaque chou. Laissez figer. À l'aide d'une brosse à dents, pulvérisez du colorant vert et de colorant rouge sur le glaçage.

Déposez un petit morceau de fraise fraîche sur chaque chou.

Laissez sécher avant de déguster !

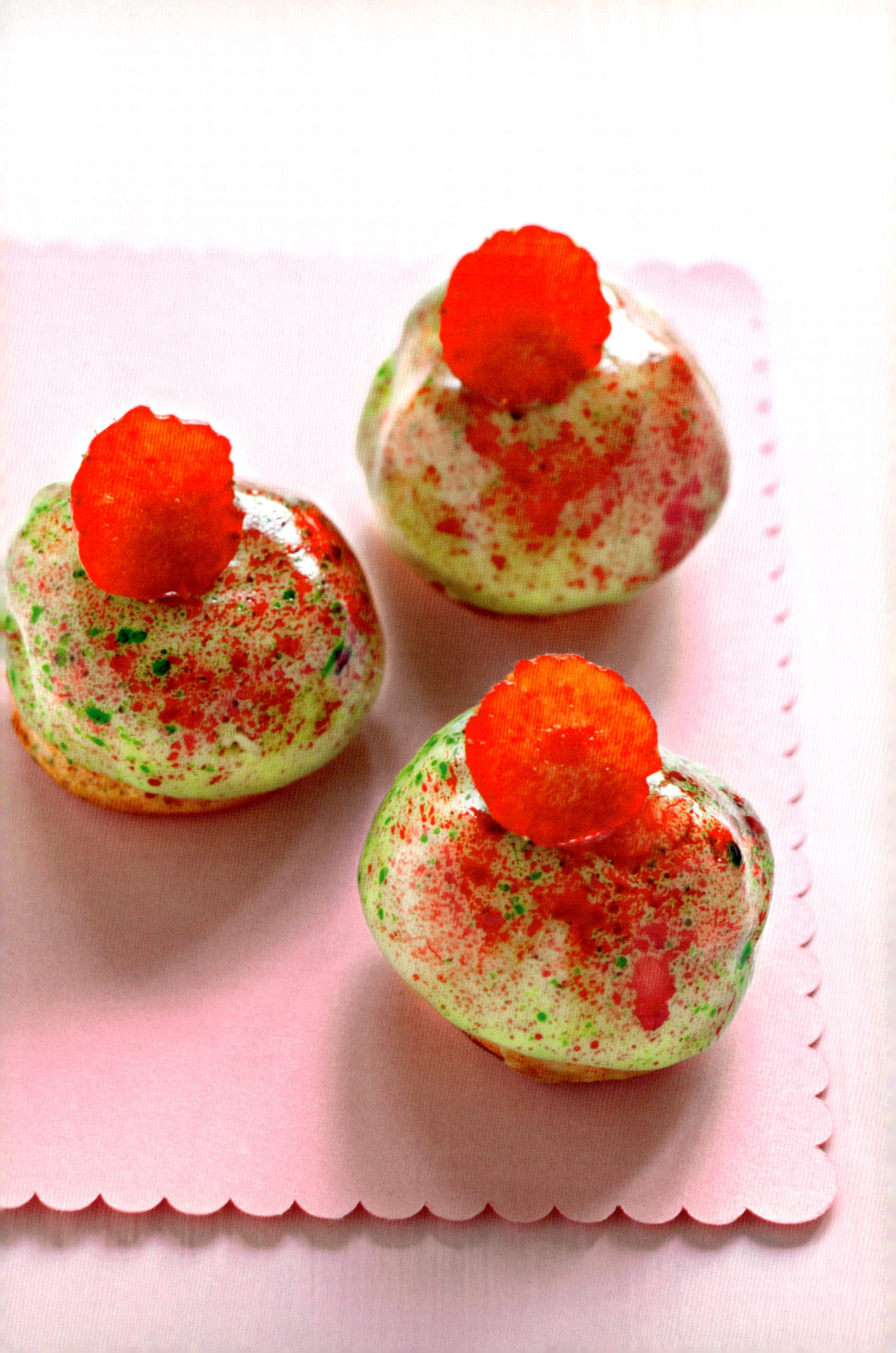

choux sucrés contemporains

Choux
pain d'épice

Pour 25 choux

Pour le décor
200 g de sucre glace • 40 g de blancs d'œufs • ½ cuillerée à café jus de citron • Colorants alimentaires vert et rose

Pour 550 g de crème pâtissière au pain d'épice
400 g de lait frais • 5 g d'épices à pain d'épice ou 4 épices et cannelle • 5 jaunes d'œufs • 50 g de cassonade • 40 g de miel foncé • 40 g de Maïzena® • 30 g de beurre

Pour la pâte à choux (voir p. 4)

Le décor
Tamisez le sucre glace dans un récipient. Incorporez les blancs d'œufs à l'aide d'une spatule.
Lorsque le sucre glace est dissous, travaillez au fouet, puis ajoutez le jus de citron.
Fouettez afin d'obtenir une glace royale assez épaisse et légèrement coulante. Réservez couvert d'un linge humide.

La crème pâtissière au pain d'épice
Faites chauffer sur feu moyen le lait. Mettez les épices à infuser dans le lait durant 5 minutes.
Pendant ce temps, versez les jaunes d'œufs dans un saladier, avec la cassonade, le miel et la Maïzena®. Fouettez vivement, mais sans faire blanchir le mélange.
Incorporez un tiers du lait au mélange jaunes d'œufs, sucre, miel et Maïzena®, et fouettez bien. Reversez le tout dans la casserole au travers d'un tamis, et faites cuire sur feu doux en fouettant vivement.
Dès que la crème épaissit, retirez la casserole du feu. Ajoutez le beurre et fouettez jusqu'à ce qu'il soit totalement incorporé à la crème.
Versez la crème sur un film alimentaire, enveloppez-la complètement afin qu'elle ne sèche pas. Mettez-la à refroidir durant 1 heure au réfrigérateur.

Préparez les choux en suivant la recette (p. 4, option dorure). Pochez en ovale.

Enlevez le film qui enveloppe la crème pâtissière. Versez-la dans un récipient, et fouettez-la vivement afin de la ramollir.
Percez les choux en dessous avec une poche à douille munie d'une douille fine et pochez la crème à l'intérieur. Étalez un peu de glace royale sur le dessus de chaque chou.

Séparez le reste de glace royale en deux : colorez en rose et en vert chacune d'elles. Remplissez des cornets et tracez des lignes sur chaque chou. Laissez sécher.

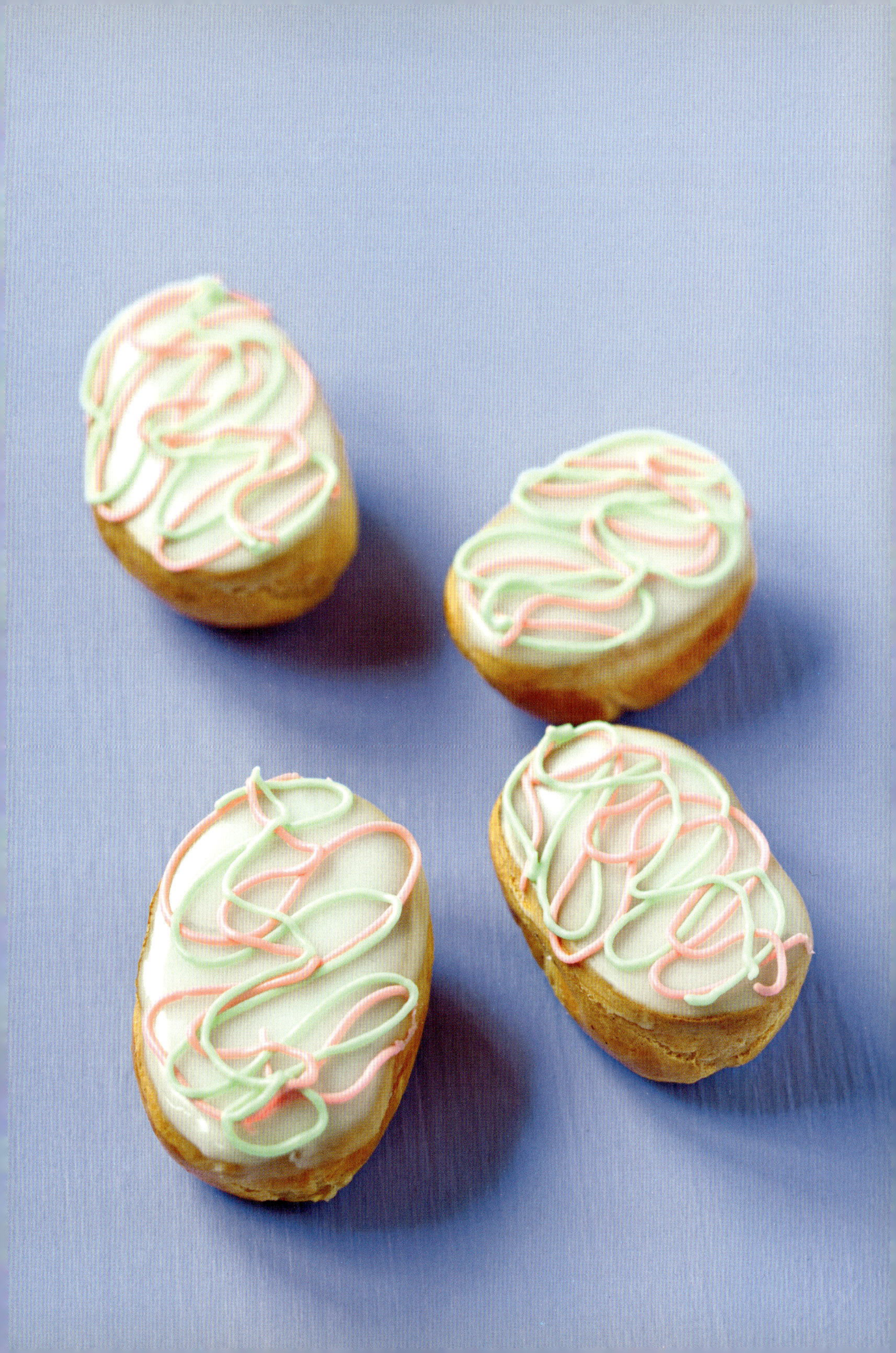

choux sucrés contemporains

Choux
boules coco

Pour 25 choux

Pour 600 g de crème pâtissière à la noix de coco
250 g de lait frais • 150 g de lait de coco • 4 jaunes d'œufs •
80 g de sucre semoule • 30 g de Maïzena® • 20 g de beurre

Pour la pâte à choux (voir p. 4)

Pour le glaçage (voir p. 7)
500 g de fondant blanc pâtissier • entre 50 g et 100 g d'eau
• Colorants alimentaires jaune et rouge

La crème pâtissière à la noix de coco

Faites chauffer les laits sur feu moyen.

Pendant ce temps, versez les jaunes d'œufs dans un saladier, avec le sucre et la Maïzena®. Fouettez vivement, mais sans faire blanchir.

Incorporez un tiers du lait au mélange jaunes d'œufs, sucre et Maïzena®, et fouettez bien. Reversez le tout dans la casserole et faites cuire sur feu doux en fouettant vivement.

Dès que la crème épaissit, retirez la casserole du feu. Ajoutez le beurre et fouettez jusqu'à ce qu'il soit totalement incorporé à la crème.

Versez la crème sur un film alimentaire, enveloppez-la complètement afin qu'elle ne sèche pas. Mettez-la à refroidir durant 1 heure au réfrigérateur.

Préparez les choux en suivant la recette (p. 4, option dorure).

Enlevez le film qui enveloppe la crème pâtissière. Versez-la dans un récipient, et fouettez-la vivement afin de la ramollir.

Percez les choux en dessous avec une poche à douille munie d'une douille fine et pochez la crème à la noix de coco à l'intérieur.

Le glaçage (voir p. 7)

Dans une petite casserole, faites chauffer le fondant avec l'eau à 35 °C. À l'aide d'une spatule en bois, trempez les choux jusqu'à la base. Déposez-les sur une grille, afin que coule l'excédent. Faites de même en colorant le fondant restant en rouge…

Décorez avec des embouts de boules de Noël.

Laissez figer avant de déguster !

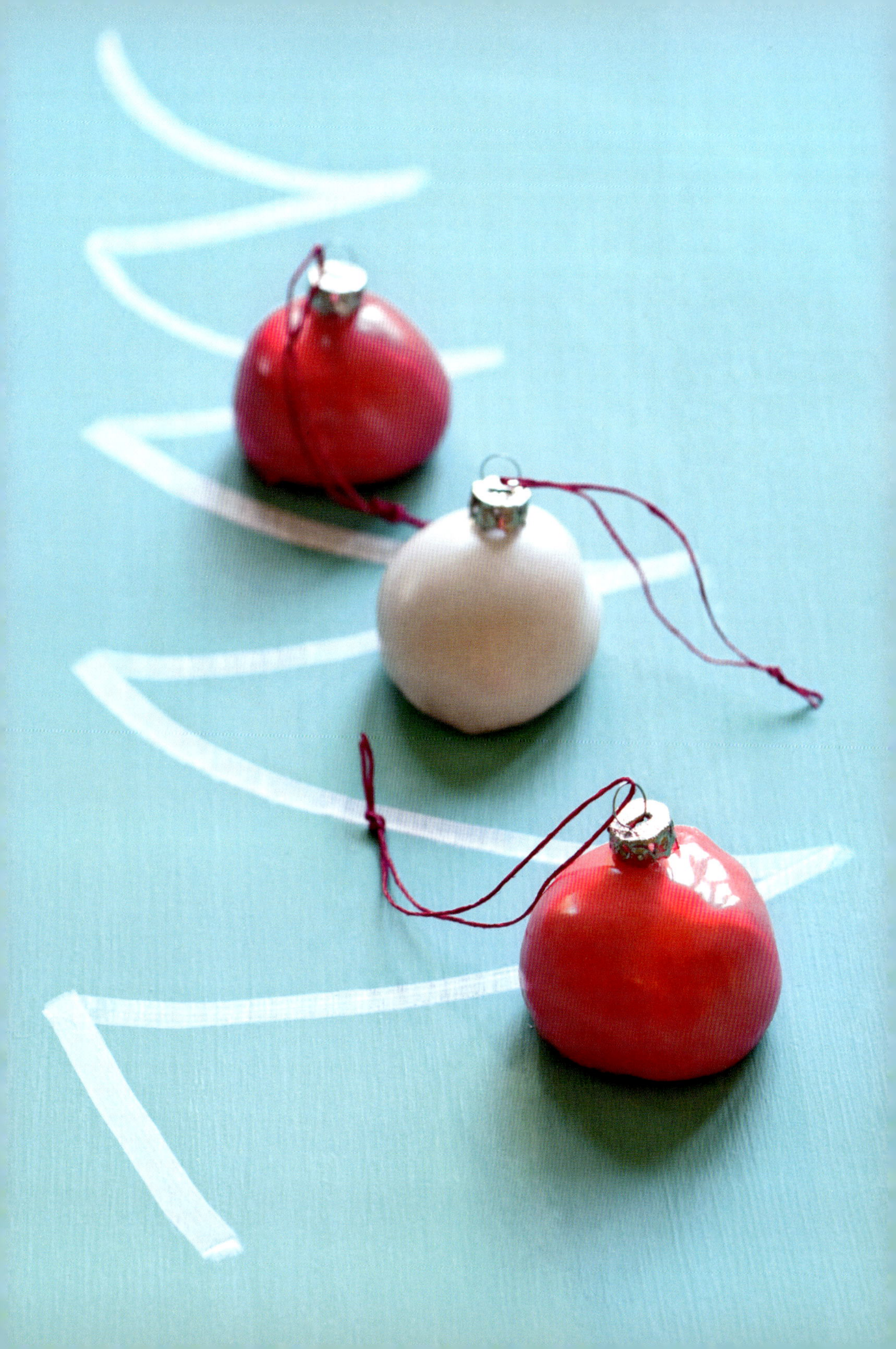

choux sucrés contemporains

Choux thé
(à prononcer rapidement !)

Pour 25 choux

Pour 600 g de crème pâtissière au thé
400 g de lait frais • 30 g d'eau • 10 g de thé de Ceylan • 5 jaunes d'œufs • 90 g de sucre semoule • 40 g de Maïzena® • 30 g de beurre

Pour la pâte à choux (voir p. 4)

Pour le décor
Sucre casson • 100 g de framboises • 50 g de sucre glace

La crème pâtissière au thé
Faites chauffer sur feu moyen le lait et l'eau. Ajoutez le thé et laisser infuser 5 minutes.

Pendant ce temps, versez les jaunes d'œufs, dans un saladier, avec le sucre et la Maïzena®. Fouettez vivement, mais sans faire blanchir le mélange.

Incorporez un tiers du lait au mélange jaunes d'œufs, sucre et Maïzena®, et fouettez bien. Reversez le tout dans la casserole au travers d'un tamis, et faites cuire sur feu doux en fouettant vivement.

Dès que la crème épaissit, retirez la casserole du feu. Ajoutez le beurre et fouettez jusqu'à ce qu'il soit totalement incorporé à la crème.

Versez la crème sur un film alimentaire, enveloppez-la complètement afin qu'elle ne sèche pas. Mettez-la à refroidir durant 1 heure au réfrigérateur.

Préparez les choux en suivant la recette (p. 4, option dorure). Pochez les choux en couronne et couvrez-les de sucre casson.

Enlevez le film qui enveloppe la crème pâtissière. Versez-la dans un récipient, et fouettez-la vivement afin de la ramollir.

Le montage et le décor
Coupez les choux en deux et pochez la crème à l'intérieur. Posez le dessus des choux et pochez encore une boule de crème au thé sur le milieu du chou. Pour finir, posez une demi-framboise.

Saupoudrez légèrement de sucre glace.

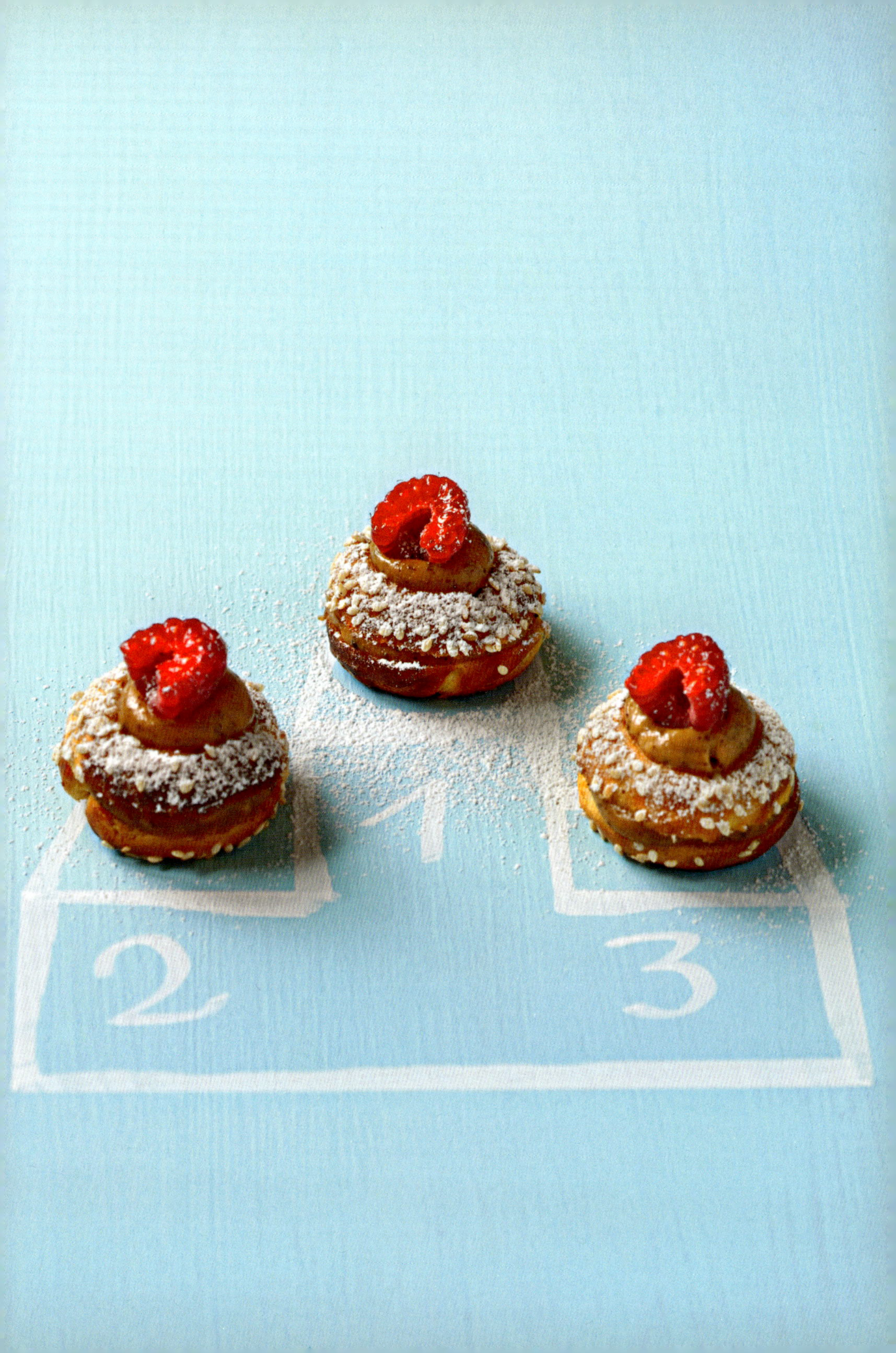
1
2
3

Choux Fjørd®

choux sucrés contemporains

Pour 25 choux

Pour la crème pâtissière au Fjørd®
200 g de lait frais • 200 g de Fjørd® • 4 jaunes d'œufs • 90 g de sucre • 1 citron jaune • 30 g de Maïzena® • 20 g de beurre

Pour la pâte à choux (voir p. 4)

Pour le décor
Cannelle en poudre • Cacao en poudre • Sucre glace

La crème pâtissière au Fjørd®

Faites chauffer le lait et le Fjørd® sur feu moyen.

Pendant ce temps, versez les jaunes d'œufs dans un saladier, avec le sucre, le zeste du citron et la Maïzena®. Fouettez vivement, mais sans faire blanchir le mélange.

Incorporez un tiers du lait au mélange jaunes d'œufs, sucre et Maïzena®, et fouettez bien. Reversez le tout dans la casserole et faites cuire sur feu doux en fouettant vivement.

Dès que la crème épaissit, retirez la casserole du feu.

Ajoutez le beurre et fouettez jusqu'à ce qu'il soit totalement incorporé à la crème.

Versez la crème sur un film alimentaire, enveloppez-la complètement afin qu'elle ne sèche pas. Mettez-la à refroidir 1 heure au réfrigérateur.

Préparez les choux en suivant la recette (p. 4, option crumble). Parfumez le crumble avec de la cannelle ; colorez la moitié du crumble avec du cacao. Posez un rond de crumble cacao sur chaque chou, puis un triangle de crumble au cacao.

Enlevez le film qui enveloppe la crème pâtissière. Versez-la dans un récipient, et fouettez-la vivement afin de la ramollir.

Percez les choux en dessous avec une poche à douille munie d'une douille fine et pochez la crème au Fjørd® à l'intérieur.

Saupoudrez très légèrement de sucre glace.

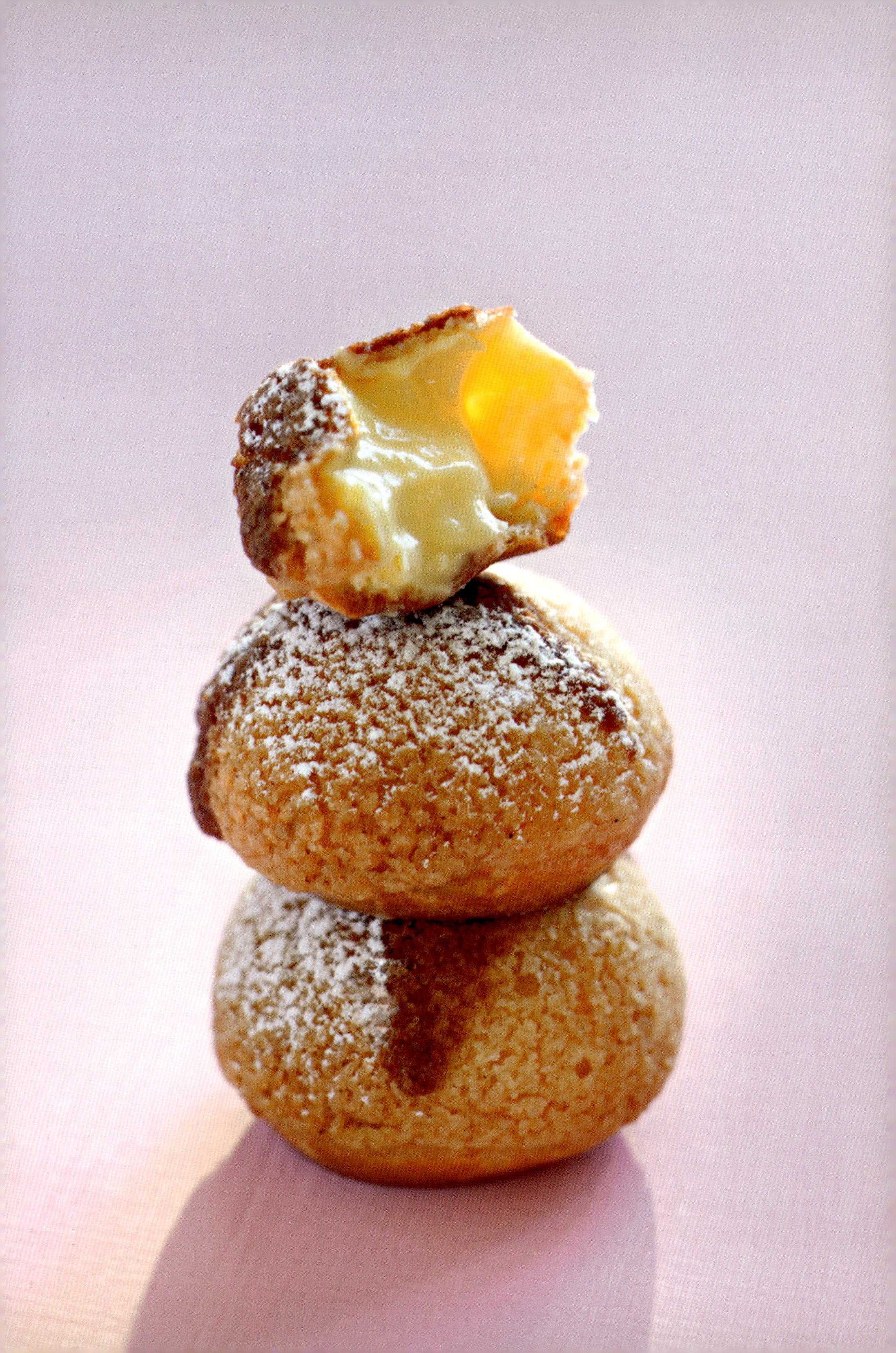

choux sucrés contemporains

Choux mojito

Pour 25 choux

Pour 500 g de crème au citron vert
3 citrons verts • 110 g de sucre semoule • 15 g de Maïzena® • 3 petits œufs • 175 g de beurre en morceaux • 10 g de rhum blanc

Pour la pâte à choux (voir p. 4)

Pour le glaçage et le décor (voir p. 7)
250 g de fondant blanc pâtissier • entre 25 g et 50 g d'eau • Colorant alimentaire vert • Sucre glace • 50 g de chocolat noir fondu

La crème au citron vert

À l'aide d'un économe, pelez les trois citrons verts.

Versez le jus des citrons, le sucre semoule, la Maïzena® et les œufs dans une casserole. Ajoutez les zestes des citrons, et faites chauffer sur feu moyen tout en remuant à l'aide d'un fouet. Il faut que le mélange arrive à ébullition.

Retirez la crème cuite du feu, filtrez-la au travers d'une passoire directement sur le beurre et le rhum.

À l'aide d'un petit mixeur, mixez la crème durant 1 minute afin de la rendre lisse. Versez-la dans un récipient.

Posez un film au contact de la crème afin qu'elle ne sèche pas. Mettez-la à refroidir durant 10 minutes au congélateur, puis 1 heure au réfrigérateur.

Préparez les choux en suivant la recette (p. 4, option dorure).

Percez les choux en dessous avec une douille fine. Remplissez chaque chou de crème au citron vert à l'aide d'une poche munie d'une douille unie de 5 mm.

Le glaçage et le décor (voir p. 7)

Dans une petite casserole, faites chauffer le fondant avec l'eau à 35 °C. À l'aide d'une spatule en bois, incorporez le colorant alimentaire vert. Mélangez, puis glacez chaque chou. Laissez figer. À l'aide d'une brosse à dents, pulvérisez du colorant vert sur le glaçage.

Façonnez des petites boules de fondant en les roulant dans un peu de sucre glace (ou plus facile, faites-les en pâte d'amande) ; posez-les sur chaque chou. Pour finir, décorez les choux avec un cornet en papier rempli de chocolat fondu.

Laissez sécher avant de déguster !

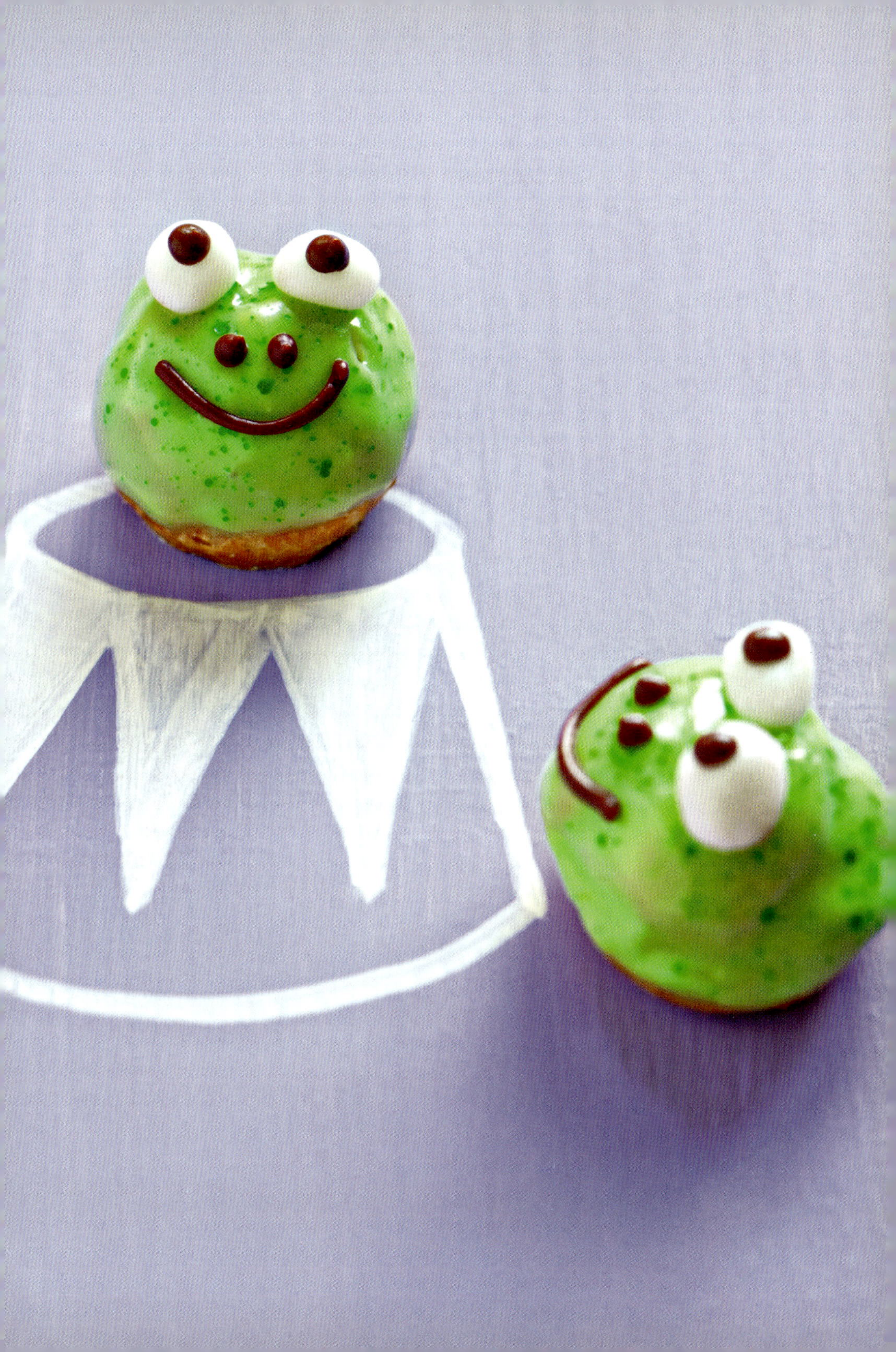

choux sucrés contemporains

Choux
capuccino

Pour 20 choux

Pour la chantilly au cappuccino
200 g de chocolat au lait • 300 g de crème liquide •
2 cuillerées à café de café soluble

Pour la pâte à choux (voir p. 4)

Pour le décor
Sauce chocolat

La chantilly au cappuccino
La veille, préparez la chantilly.
Hachez le chocolat au lait avec un couteau ou dans un robot ; mettez-le dans un récipient.
Dans une casserole, faites bouillir la crème liquide puis ajoutez le café soluble.
Versez en plusieurs fois ce mélange bouillant sur le chocolat haché en mélangeant à chaque fois. Continuez de mélanger jusqu'à ce que le chocolat soit complètement dissous.
Filmez votre crème au contact et réservez au réfrigérateur pendant une nuit.

Préparez les choux en suivant la recette (p. 4, option dorure), en les dressant suivant une forme ronde.

Enlevez le film qui enveloppe la crème. Versez-la dans un récipient, et fouettez-la vivement afin de la rendre souple, mais pas trop.

Le montage et le décor
Coupez les choux en deux. Garnissez-les avec une poche à douille munie d'une douille unie et pochez la crème en boule.
Posez le dessus de pâte. Formez une boule de sauce chocolat pour décorer.

CHOU

choux sucrés contemporains

Choux
olive oil

Pour 25 choux

Pour 420 g de crème pâtissière à l'huile d'olive
220 g de lait frais entier • ½ gousse de vanille • 75 g d'huile d'olive • 2 jaunes d'œufs • 55 g de sucre semoule • 25 g de Maïzena®

Pour le décor
100 g de sucre casson (sucre pour chouquettes) • Colorant alimentaire vert

La crème pâtissière à l'huile d'olive

Faites chauffer sur feu moyen le lait, la vanille et l'huile d'olive.

Pendant ce temps, versez les jaunes d'œufs, dans un saladier, avec le sucre et la Maïzena®. Fouettez vivement, mais sans faire blanchir le mélange.

Incorporez un tiers du lait à l'huile d'olive au mélange jaunes d'œufs, sucre et Maïzena®, et fouettez bien.

Reversez le tout dans la casserole et faites cuire sur feu doux en fouettant vivement. Dès que la crème épaissit, retirez la casserole du feu.

Versez la crème sur un film alimentaire, enveloppez-la complètement afin qu'elle ne sèche pas. Mettez-la à refroidir durant 1 heure au réfrigérateur.

Préparez les choux en suivant la recette (p. 4, option dorure).

Le décor

Versez le sucre casson blanc dans un récipient, ajoutez du colorant vert et mélangez vivement. Couvrez les choux de sucre casson vert.

Enlevez le film qui enveloppe la crème pâtissière. Versez-la dans un récipient, et fouettez-la vivement afin de la ramollir.

Percez les choux en dessous avec une poche à douille munie d'une douille fine et pochez la crème à l'huile d'olive à l'intérieur.

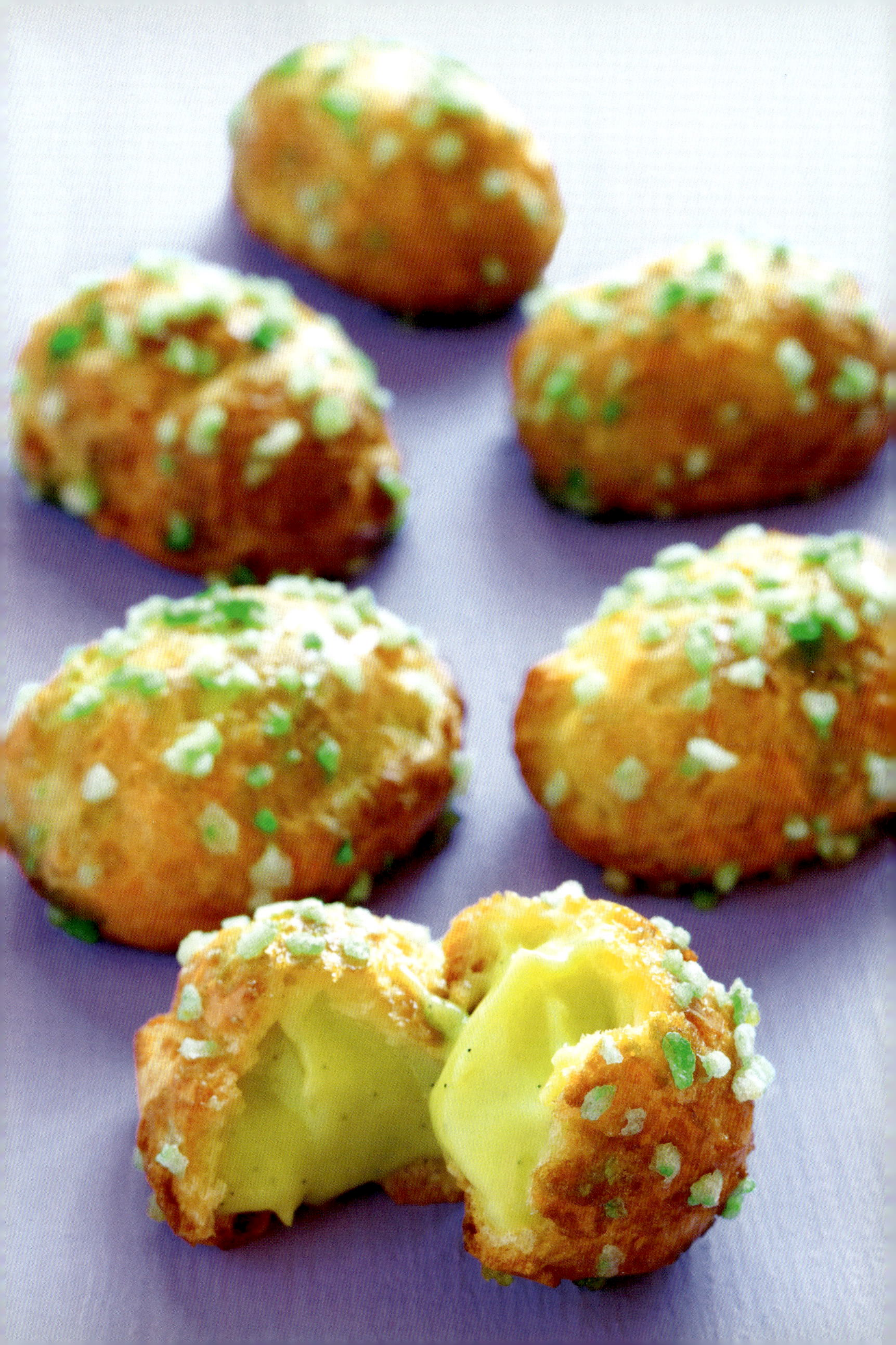

choux sucrés contemporains

Choux
tonka

Pour 25 choux

Pour 700 g de crème pâtissière à la fève tonka
300 g de lait frais entier • 100 g de crème liquide • 1 fève tonka • ½ gousse de vanille • 4 jaunes d'œufs • 90 g de sucre semoule • 40 g de Maïzena® • 100 g de chocolat noir à 60/70 % • 50 g de grué de cacao (dans les magasins spécialisés) ou des éclats de noisette

Pour la pâte à choux (voir p. 4)

Pour la crème pâtissière à la fève tonka
Faites chauffer sur feu moyen le lait, la crème, la fève tonka râpée et la vanille.
Pendant ce temps, versez les jaunes d'œufs dans un saladier, avec le sucre et la Maïzena®. Fouettez vivement, mais sans faire blanchir le mélange.
Incorporez un tiers du lait au mélange jaunes d'œufs, sucre et Maïzena®, et fouettez bien.
Reversez le tout dans la casserole et faites cuire sur feu doux en fouettant vivement.
Dès que la crème épaissit, retirez la casserole du feu. Ajoutez le chocolat haché et fouettez vivement.
Versez la crème sur un film alimentaire, enveloppez-la complètement afin qu'elle ne sèche pas. Mettez-la à refroidir durant 1 heure au réfrigérateur.

Préparez les choux en suivant la recette (p. 4, option dorure). Couvrez les choux de grué de cacao.

Enlevez le film qui enveloppe la crème pâtissière. Versez-la dans un récipient, et fouettez-la vivement afin de la ramollir.
Percez les choux en dessous avec une poche à douille munie d'une douille fine et pochez la crème à la fève de tonka à l'intérieur.

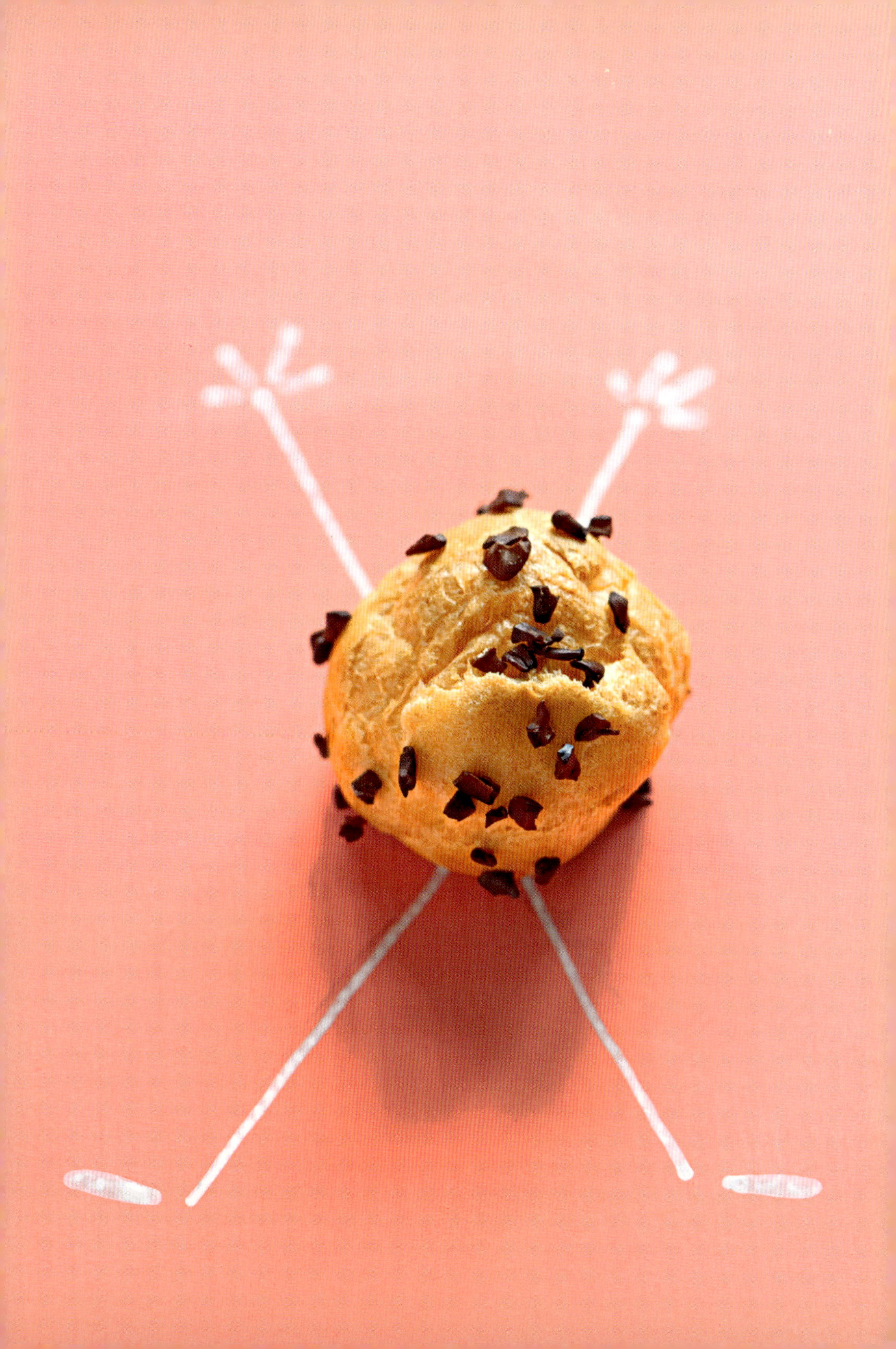

CHOUX SALÉS

Gougères jambon coriandre

choux salés

Pour 30 à 35 gougères

Pour la pâte à gougères salées
110 g de farine • 100 g de lait • 100 g d'eau • 6 g de sel fin • 90 g de beurre mou • 1 g de poivre noir • ½ cuillerée à café de coriandre moulue • 1 g de noix de muscade râpée • 50 g de gruyère râpé • 5 œufs • 5 g de coriandre fraîche • 75 g de jambon à l'os (coupez-le en lamelles) •

Pour le décor
2 à 3 feuilles de coriandre par chou • 2 à 3 lamelles de jambon (4 cm de long sur 3 cm de largeur) par chou

La pâte à gougères salées

Tamisez la farine.

Dans une grande casserole, faites chauffer sur feu doux le lait, l'eau, le sel et le beurre. Assaisonnez avec le poivre, la coriandre moulue et la noix de muscade.

Dès le premier bouillon, retirez la casserole du feu, et versez la farine en pluie en une seule fois. Mélangez très vivement à l'aide d'une spatule pour dessécher la pâte. Ajoutez le gruyère râpé.

Remettez la casserole sur le feu. Remuez énergiquement durant 2 minutes sans discontinuer, jusqu'à ce que la pâte soit bien lisse et se décolle des parois de la casserole.

Transvasez la pâte dans un récipient. Incorporez le premier œuf en mélangeant avec vigueur. Dès qu'il est complètement absorbé dans la pâte et que celle-ci est bien lisse, ajoutez le deuxième œuf, et ainsi de suite jusqu'au cinquième œuf.

À partir de ce moment, observez bien la consistance de votre pâte. Elle doit être élastique et à peine plus molle qu'une purée. Si elle est encore un peu trop épaisse, ajoutez un peu d'œuf battu.

Ajoutez la coriandre fraîche hachée et les 75 g de jambon coupé en carrés de 5 mm.

Préchauffez votre four à 200 °C, en chaleur ventilée.

À l'aide d'une poche à douille, déposez de petites boules de pâte sur la plaque à pâtisserie, beurrée et farinée, en les espaçant de quelques centimètres. Réservez une cuillère à café de pâte.

Mettez la plaque à mi-hauteur dans le four et faites cuire les choux 15 à 20 minutes, en prenant bien soin de ne pas ouvrir la porte du four pendant la cuisson.

Le décor

Faites frire les feuilles de coriandre dans un peu d'huile versée dans une petite casserole, et poêlez le jambon coupé en lamelles : déposez-les sur du papier absorbant.

Déposez un peu de pâte crue sur le dessus des choux, posez la coriandre frite et le jambon. Enfournez 2 minutes pour sécher le tout.

Dégustez tiède. Mais tempéré, c'est bon également !

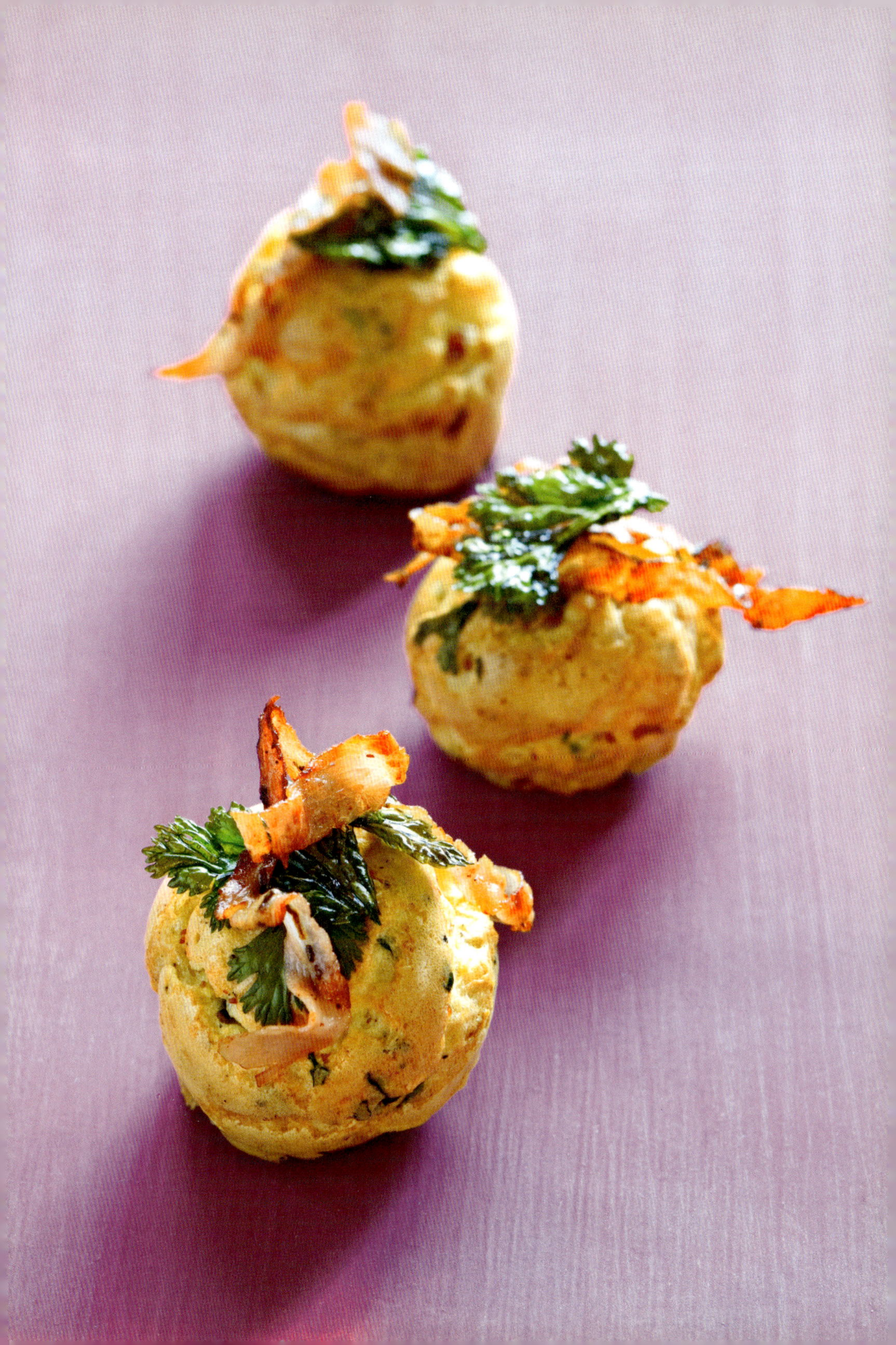

choux salés

Gougères
tandoori

Pour 35 gougères

Pour la pâte à gougères tandoori
110 g de farine • 100 g de lait • 100 g d'eau • 6 g de sel fin • 90 g de beurre mou • 1 g de poivre noir • 1 g de noix de muscade râpée • 50 g de gruyère râpé • 40 g de tandoori • 5 œufs

Pour le décor
50 g de ketchup • 100 g de tomates

La pâte à gougères salées

Tamisez la farine.

Dans une grande casserole, faites chauffer sur feu doux le lait, l'eau, le sel et le beurre. Ajoutez le poivre et la noix de muscade.

Dès le premier bouillon, retirez la casserole du feu, et versez la farine en pluie en une seule fois.

Mélangez très vivement à l'aide d'une spatule pour dessécher la pâte. Ajoutez le gruyère râpé et le tandoori.

Remettez la casserole sur le feu. Remuez énergiquement durant 2 minutes sans discontinuer, jusqu'à ce que la pâte soit bien lisse et se décolle des parois de la casserole. Transvasez la pâte dans un récipient.

Incorporez le premier œuf en mélangeant avec vigueur.

Dès qu'il est complètement absorbé dans la pâte et que celle-ci est bien lisse, ajoutez le deuxième œuf. Recommencez la même opération jusqu'au cinquième œuf.

À partir de ce moment, observez bien la consistance de votre pâte. Elle doit être élastique et à peine plus molle qu'une purée. Si elle est encore un peu trop épaisse, ajoutez un peu d'œuf battu.

Préchauffez votre four à 200 °C, en chaleur ventilée.

À l'aide d'une poche à douille, déposez des petites boules de pâte dans des moules en plastique souple.

Enfournez la plaque à mi-hauteur et faites cuire les choux 20 à 25 minutes, en prenant bien soin de ne pas ouvrir la porte du four pendant la cuisson. Laissez refroidir.

Le décor

Démoulez les choux, nappez-les avec du ketchup et posez les tomates au milieu.

Dégustez tiède. Mais tempéré, c'est bon également !

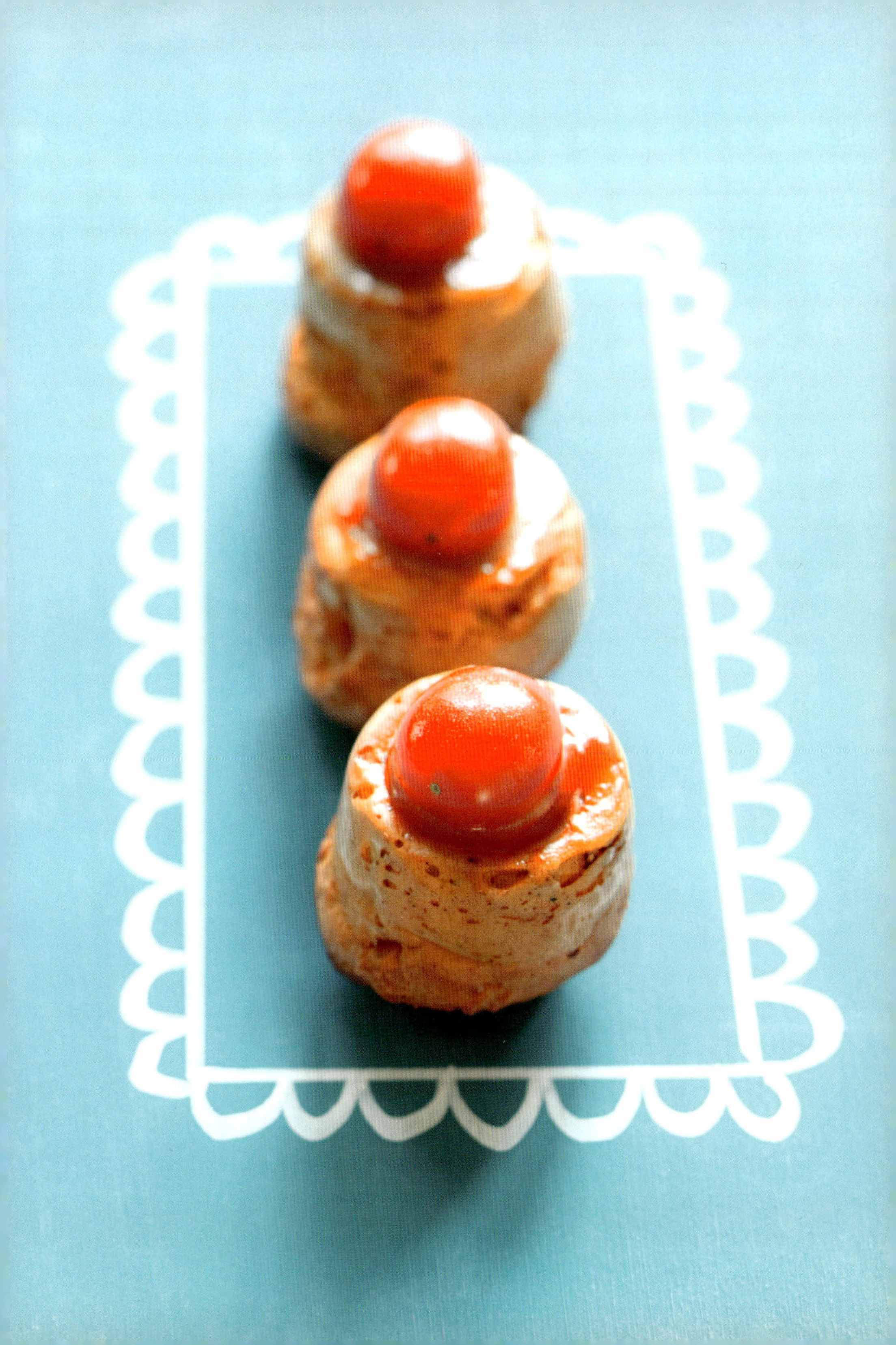

choux salés

Choussini

Pour la pâte à choux salée

110 g de farine • 100 g de lait • 100 g d'eau • 6 g de sel fin • 90 g de beurre mou • 1 g de poivre noir • 1 g de noix de muscade râpée • 50 g de gruyère râpé • 5 œufs • 50 g de gruyère râpé • 25 g de sésame noir

La pâte à choux salée

Tamisez la farine.

Dans une grande casserole, faites chauffer sur feu doux le lait, l'eau, le sel et le beurre. Ajoutez le poivre et la noix de muscade.

Dès le premier bouillon, retirez la casserole du feu, et versez la farine en pluie en une seule fois. Mélangez très vivement à l'aide d'une spatule pour dessécher la pâte.

Ajoutez le gruyère râpé.

Remettez la casserole sur le feu, et remuez énergiquement durant 2 minutes sans discontinuer, jusqu'à ce que la pâte soit bien lisse et se décolle des parois de la casserole. Transvasez la pâte dans un récipient.

Incorporez le premier œuf en mélangeant avec vigueur. Dès qu'il est complètement absorbé dans la pâte et que celle-ci est bien lisse, ajoutez le deuxième œuf. Recommencez la même opération jusqu'au cinquième œuf.

À partir de ce moment, observez bien la consistance de votre pâte. Elle doit être élastique et à peine plus molle qu'une purée. Si elle est encore un peu trop épaisse, ajoutez un peu d'œuf battu.

Préchauffez votre four à 200 °C, en chaleur statique.

À l'aide d'une poche à douille, déposez de longues bandes de 20 cm de pâte sur la plaque à pâtisserie, beurrée et farinée, en les espaçant de quelques centimètres.

Parsemez de gruyère râpé haché au couteau et de sésame noir.

Enfournez la plaque à mi-hauteur et faites cuire les choux 15 à 20 minutes, en prenant bien soin de ne pas ouvrir la porte du four pendant la cuisson.

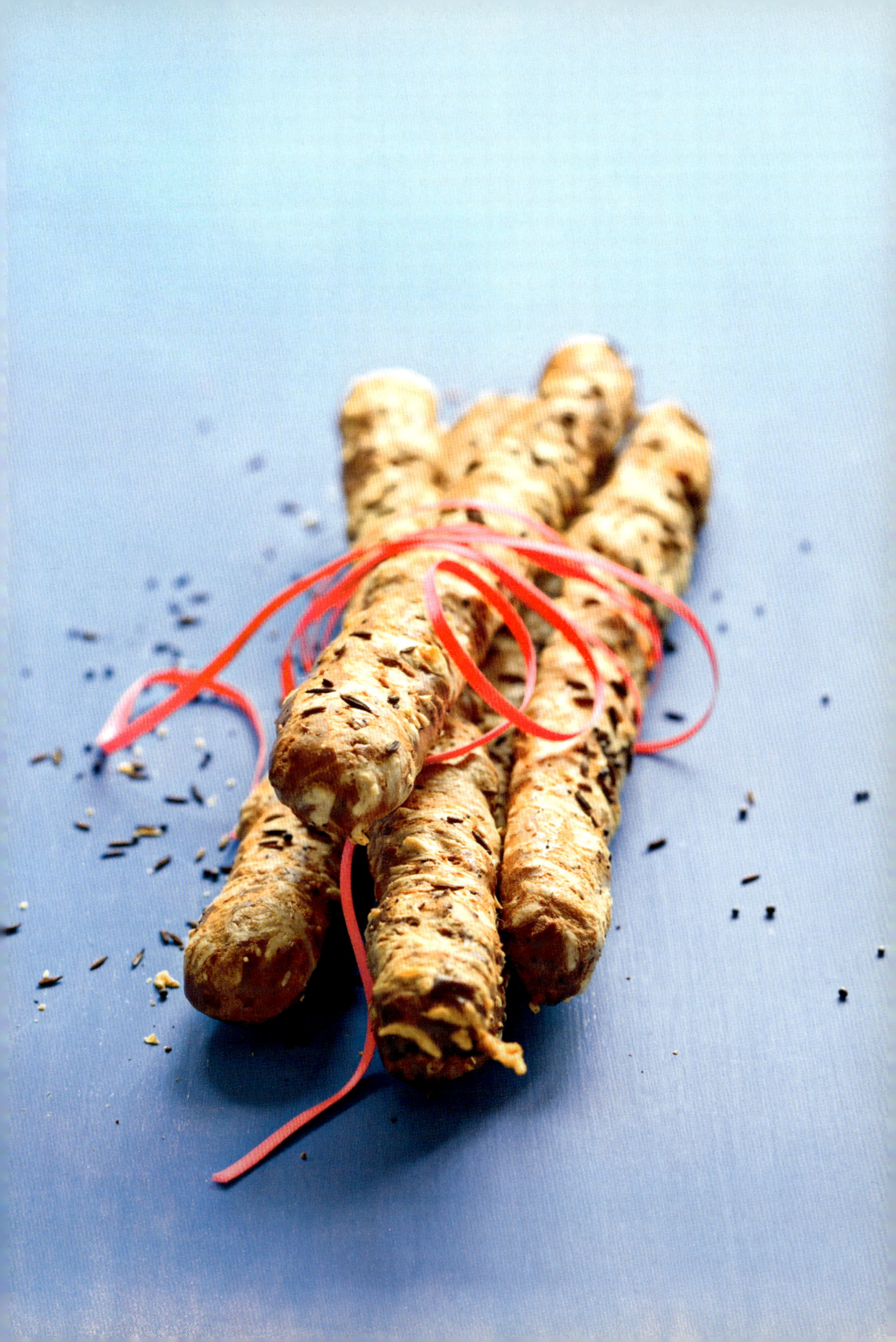

choux salés

Gougères
saumon Kikkoman®

Pour 35 gougères

Pour la pâte à gougères salées
110 g de farine • 100 g de lait • 100 g d'eau • 6 g de sel fin • 90 g de beurre mou • 1 g de poivre noir • 1 g de noix de muscade râpée • 50 g de gruyère râpé • 5 g de sauce Kikkoman® • 5 œufs • 100 g de saumon fumé

Pour le décor
Feuilles de coriandre fraîche (5 à 6 feuilles par chou) • Saumon frais poêlé (coupé en dés de 2 cm)

La pâte à gougères salées
Tamisez la farine.

Dans une grande casserole, faites chauffer sur feu doux le lait, l'eau, le sel et le beurre. Ajoutez le poivre et la noix de muscade.

Dès le premier bouillon, retirez la casserole du feu et versez la farine en pluie en une seule fois. Mélangez très vivement à l'aide d'une spatule pour dessécher la pâte. Incorporez le gruyère râpé et la sauce Kikkoman®.

Remettez la casserole sur le feu, et remuez énergiquement durant 2 minutes sans discontinuer, jusqu'à ce que la pâte soit bien lisse et se décolle des parois de la casserole.

Transvasez la pâte dans un récipient.

Incorporez le premier œuf en mélangeant avec vigueur. Dès qu'il est complètement absorbé dans la pâte et que celle-ci est bien lisse, ajoutez le deuxième œuf. Recommencez la même opération jusqu'au cinquième œuf.

À partir de ce moment, observez bien la consistance de votre pâte. Elle doit être élastique et à peine plus molle qu'une purée. Si elle est encore un peu trop épaisse, ajoutez un peu d'œuf battu. Ajoutez 100 g de saumon coupé en carrés de 5 mm.

Préchauffez votre four à 200 °C, en chaleur ventilée.

À l'aide d'une poche à douille, déposez de petites boules de pâte sur la plaque à pâtisserie, beurrée et farinée, en les espaçant de quelques centimètres. Réservez une cuillerée à café de pâte.

Enfournez la plaque à mi-hauteur dans le four et faites cuire les choux 15 à 20 minutes, en prenant bien soin de ne pas ouvrir la porte du four pendant la cuisson.

Le décor
Poêlez le saumon coupé en dés et déposez sur du papier absorbant.

Déposez un peu de pâte crue sur le dessus des choux, posez les dés de saumon, passez 2 minutes au four pour sécher le tout. Déposez les pluches de coriandre.

Dégustez tiède. Mais tempéré, c'est bon également !

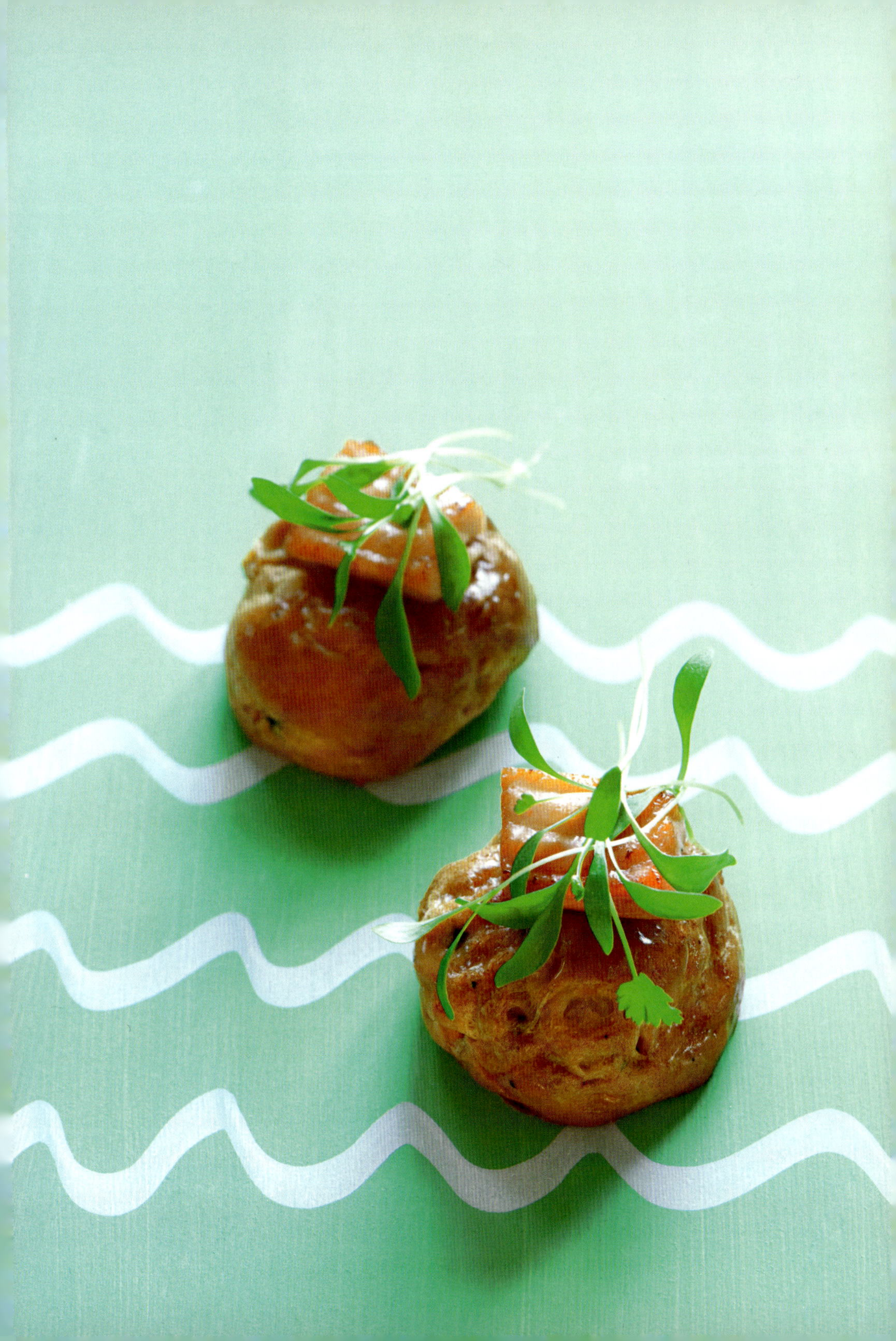

Table des recettes

Recette de base, 4

Choux sucrés classiques

Chouquettes extrême vanille, 10

Choux double café, 12

Choux fraise, 14

Choux Chantilly vanille kirsch, 16

Choux framboise, 18

Choux citron, 20

Choux craquants à la fleur d'oranger, 22

Choux cygnes, 24

Choux Tagada fraise, 26

Choux orange, 28

Choux griotte, 30

Choux pistache, 32

Chou flan à la vanille, 34

Choux blancs, 36

Choux Brest, 38

Choux rhum, 40

Choubouche, 42

Choux sucrés contemporains

Choux doux violette, 46

Choux œuf, 48

Choux caramel cacahuète, 50

Choux pamplemousse céréales, 52

Choux ananas mangue, 54

Choux duo, 56

Choux champignon, 58

Choux chocolat noisette, 60

Choux yuzu, 62

Choux choconoix, 64

Choux citron fraise, 66

Choux pain d'épice, 68

Choux boules de coco, 70

Choux thé, 72

Choux Fjord®, 74

Choux mojito, 76

Choux capuccino, 78

Choux olive oil, 80

Choux tonka, 82

Choux salés

Gougères jambon coriande, 86

Gougères tandoori, 88

Choussini, 90

Gougères saumon Kikkoman®, 92

Catherine Madani remercie

Ressource

pour les fonds peints.

Produits et ustensiles

Violettes de Toulouse

La Maison de la violette

Adresse et renseignements sur le site

www.lamaisondelaviolette.fr

Mora

13, rue Montmartre

75001 Paris

www.mora.fr

Christophe Felder

Renseignement cours de pâtisserie :

ecole.cf@orange.fr

Conception graphique :
Chine

Réalisation graphique :

Juste Ciel
CONCEPTION GRAPHIQUE

© 2012 Éditions de La Martinière, une marque de La Martinière Groupe, Paris.
ISBN : 978-2-7324-4316-4
Connectez-vous sur www.lamartinieregroupe.com

Tous droits de traduction, d'adaptation et de reproduction, sous quelque forme que ce soit,
réservés pour tous pays.

Département éditorial Saveurs

Achevé d'imprimer en février 2012 sur les presses de Dedalo à Valladolid
Dépôt légal : mars 2012
Imprimé en Espagne